Die Transatlantische Allianz & ihr Ukraine Russland Krieg

Ging es beim Ukrainischen Frühling um eine Demokratisierung? Nuland: Fuck the EU!

Die Vereinigten Staaten und der CIA haben seit 1946 nie die Bedeutung der ukrainischen Nazis aus den Augen verloren und alle gedeckt im Namen der Notwendigkeit des Kalten Krieges

Joe Biden, Victoria Nuland, OUN, Boxer Vitali Klitschko, CIA-Agentur, Mikheil Saakaschwili, Bogdan Melnik, Ivan Masipa, Javier Solana, Mustafa Najjem,

Heinz Duthel

Impressum

Bibliografische Information der Deutschen Nationalbibliothek:
Die Deutsche Nationalbibliothek verzeichnet diese
Publikation in der Deutschen Nationalbibliografie; detaillierte
bibliografische Daten sind im Internet über http://dnb.dnb.de
abrufbar.

© 2022 Heinz Duthel

Lektorat: MeinBuch.store

Herstellung und Verlag: BoD – Books on Demand,
Norderstedt

ISBN: 9783756224463

MIX
Papier aus verantwortungsvollen Quellen
Paper from responsible sources
FSC
www.fsc.org
FSC® C105338

Regime Change in der Ukraine

Der Krieg in der Ukraine müsse „mit einer strategischen Niederlage von Präsident Putin zu Ende gehen", verkündete Victoria Nuland kürzlich im außenpolitischen Senatsausschuss. Als Unterstaatssekretärin im State Department ist sie zuständig für das „Tag-zu-Tag-Management allgemeiner regionaler und bilateraler Anliegen", wie es heißt. Damit steht sie weit oben in der Hierarchie des Außenministeriums. Joe Biden hat die Diplomatin **Victoria Nuland** reaktiviert, die sich schon früher als wortgewaltige Influencerin in der Russlandpolitik bemerkbar gemacht hat

Die Vereinigten Staaten und der CIA haben seit
1946 nie die Bedeutung der ukrainischen Nazis
aus den Augen verloren und alle gedeckt im
Namen der Notwendigkeit des Kalten Krieges

Vorwort:

In diesem Netz aus wirtschaftlichen und geopolitischen Interessen der Westlichen Atlantik Mächte und Russlands werden die ukrainischen Arbeiter und armen Massen als Tauschwährung benutzt.

In den zwei Jahrzehnten kapitalistischer Restauration haben die Oligarchen, sowohl unter prorussischen als auch unter prowestlichen Regierungen, das Staatseigentum ausgeplündert und sich die wichtigsten Geschäfte unter die Nägel gerissen.

Sowohl die westlichen Atlantik Mächte als auch Putin benutzen die nationale Karte und die Massenmedien, um ihre Interessen voranzutreiben – Interessen, die denjenigen der russischen und der ukrainischen Arbeiter und Massensektoren vollständig entgegengesetzt sind.

Die neue prowestliche Regierung schürt den uralten antirussischen Hass, welcher von der historischen Unterdrückung unter dem zaristischen Reich und später unter dem Stalinismus herrührt, für ihre reaktionären Ziele, sich mit den Atlantischen , EU und NATO Mächten zu verbünden und ihre Unterordnung unter den IWF und Brüssel zum Vorteil der Geschäfte der lokalen Bourgeoisien zu paktieren. Putin benutzt den Nationalismus und die russische Identität, um auf der Krim eine starke Position gegenüber den westlichen Mächten zu etablieren und die Interessen der russischen Kapitalisten und Oligarchen zu bestärken.

Währenddessen leiden die Arbeiter und armen Massen sowohl in Russland als auch in der Ukraine und jetzt auch in den Atlantik Ländern unter immer schlechteren Lebensbedingungen und werden diejenigen sein, die die Kosten der Atlantischen - Russischen Krise zu zahlen haben.

In den Ländern der ex-Sowjetunion und Osteuropas erleichterten die Jahrzehnte der Unterdrückung unter den Regimen der stalinistischen Bürokratie und das Fehlen einer Alternative die prokapitalistische Propaganda des Westens und die Gleichsetzung zwischen Sozialismus und Stalinismus, was zur Entwicklung einer Neoliberalen antikommunistischen Ideologie führte, auf der die rechtsextremen und sogar neonazistischen Gruppen aufbauen.

1 Teil

Regime Change in der Ukraine

Der Platz der Unabhängigkeit wurde in ein vollwertiges Kriegsgebiet verwandelt. Weitere Zusammenstöße in der ukrainischen Hauptstadt Kiew.

Es besteht absolut kein Zweifel, dass hier Scharfschützen arbeiten. Ich habe zehn Leichen gezählt. Wir sehen, wie es ist, mit einem Problem zu kämpfen.

Jetzt am Rande eines Bürgerkriegs. Mindestens 70 Tote bisher und die Zahl der Todesopfer steigen. Es ist nicht länger. Sie haben uns im Netz einen Beinahe Unfall gezeigt. Ratet mal, was wir heute hier gesehen haben, war eine Revolution in spe.

Der Westen hat über 5 Milliarden US-Dollar investiert, um die Ukraine bei diesen und anderen Zielen zu unterstützen. Wir werden politische Maßnahmen ergreifen, aber Sie wissen es noch nicht einmal.

Nato ist in 13 Länder bis an die Grenzen Russlands expandiert, 13 Länder.

Der Fokus muss darauf liegen, dass diese Krise nicht zu einem heißen Krieg zwischen der Ukraine und Russland wird wie zurzeit von Katrina.

Unsere Marionetten wartete zu der Zeit, um zu sehen, was los war und was passiert meinte Tony Abbott früher.

Ukraine. Es ist ein altes und stolzes Land. Mit einer reichen Geschichte voller Schönheit, Heldentum und Opferbereitschaft. Die Ukraine ist ein Grenzland, ein Ort, an dem Ost auf West trifft. Dies ist die Flagge der Ukraine.

Das Blau repräsentiert den Himmel, das Gold. Es sind scheinbar endlose Weizenfelder. Die Ukraine ist ein Preis, den viele gesucht haben, und es ist viel Blut vergossen worden, um ihn zu besitzen. Die Ukraine war der Weg für westliche Mächte, als sie versuchten, den Osten zu erobern. Im Ersten Weltkrieg. Und Zweiter Weltkrieg. Und jedes Mal zahlte das ukrainische Volk den höchsten Preis für diese großen Machtspiele.

Die Geschichte wiederholt sich nicht, aber sie reimt sich sicherlich, sagte Mark Twain.

Wenn man sich die Geschichte der Ukraine genauer ansieht, fallen einem viele Reime auf. Von stärkeren Mächten umgeben sein braucht die Ukraine viel List, um zu überleben, und die Kunst, die sie mit der Zeit wirklich gemeistert haben, ist die Kunst des Seitenwechsels in der Mitte des 17. Jahrhunderts.

Der ukrainische Staatschef **Bogdan Melnik** hat ein Waffenstillstandsabkommen mit Polen gebrochen und sich auf die Seite des mächtigeren Russland gestellt. Etwas mehr als 50 Jahre später, als der russisch-schwedische Krieg tobte, brach ein anderer ukrainischer Führer, **Ivan Masipa**, die Union mit Russland, als er die Seite wechselte und sich mit den schwedischen Invasoren verbündete.

Die ukrainische Geschichte wurde oft von Dritten geschrieben, die versuchten, die Errungenschaften einer Revolution um jeden Preis zu behalten. Russland stimmte den demütigenden Bedingungen des Brest-Litowsker Vertrags von 1918 zu, der die Ukraine in ein deutsches Protektorat verwandelte.

Ein weiteres historisches Dokument, das das Schicksal der Ukraine veränderte, war der **Molotow-Ribbentrop**-Pakt von 1939, eines von vielen solcher Abkommen, die zwischen europäischen Ländern und dem aufstrebenden Deutschland unterzeichnet wurden, um seine Nation vor der herannahenden Nazi-Bedrohung zu schützen.

Josef Stalin handelte mit Adolf Hitler einen Nichtangriffspakt aus. Während man sich gegenseitig Frieden verspricht. Die sowjetischen und deutschen Außenminister Molotow und Ribbentrop richten die Landkarte Osteuropas neu aus und teilen sie in deutsche und sowjetische

Einflusssphären. Kaum war der Molotow-Ribbentrop-Pakt unterzeichnet, wurde Polen geteilt und im September 1939 erwachte **Ostpolen** zur **Westukraine** und zu einem Teil der Familie der **Sowjetrepubliken** und der **UdSSR.**

Aber selbst diese kühne Teilung von Ländern und Nationen verzögerte nur das Unvermeidliche.

Deutschland hat sein Versprechen an die UdSSR gebrochen.

Am 22. Juni 1941 marschierte Deutschland in der UdSSR ein und startete Barbarossa, die größte Militäroperation der Weltgeschichte.

Barbarossa zielte auf Sankt Petersburg, Moskau und Kiew in der Ukraine. Drei Destinationen von großer Bedeutung.

Die Ukraine mit ihren reichen Ländereien und Ressourcen war eine wichtige industrielle und wirtschaftliche Quelle für die UdSSR. Es von der Sowjetunion abzuschneiden, wäre in der Tat ein schwerer Schlag. Für den größten Teil der Sowjetunion ging es im Zweiten Weltkrieg darum, die Invasoren ihres Landes zu bekämpfen.

Aber ganz so einfach war es für die Ukraine nicht.

Die Wahrheit ist, dass die Ukraine nie ein vereintes Land war. Als der Zweite Weltkrieg ausbrach, begrüßte ein großer Teil der Bevölkerung der Westukraine die deutschen Soldaten als Befreier von der ihnen kurz zuvor aufgezwungenen sowjetischen Herrschaft und arbeitete offen mit den Deutschen zusammen.

Das Ausmaß der Zusammenarbeit wurde viele Jahre nach dem Krieg nicht bekannt gegeben. Aber wir wissen jetzt, dass ganze Divisionen und Bataillone von ukrainischen Kollaborateuren wie SS-, Galician-, und Roland-Bataillone gebildet wurden.

Gerade zu Beginn des Krieges haben sich mehr als 80.000 Menschen aus der Region Galena freiwillig in die Division SS Galaxy eingeschrieben.

In anderthalb Monaten, berüchtigt für ihre extreme Grausamkeit gegenüber dem polnischen, jüdischen und russischen Volk auf dem Territorium der Ukraine. Mitglieder dieser Militärgruppen stammten meist aus der 1929 gegründeten Organisation ukrainischer Nationalisten, der **OUN**. (Організація українських націоналістів)

Diese Organisation hatte das ultimative Ziel, eine ethnisch reine, unabhängige Ukraine zu schaffen, und betrachtete Terror als akzeptables Mittel, um ihre Ziele zu erreichen.

Ihre offizielle Flagge war schwarz-rotes Land und Blut. Es wird in der Geschichte der Ukraine bleiben, lange nachdem die **OUN** aufgehört hat zu existieren.

Anfang 1940 bekam der radikalste nationalistische Teil der Organisation der ukrainischen Nationalisten seinen eigenen Führer, **Stepan Bandera**, einen strengen Antisemiten und Antikommunisten.

Er proklamierte 1941 eine unabhängige Ukraine.

Seine deutschen Verbündeten missbilligten einen solchen Akt des Eigenwillens, der ihn fast den ganzen Zweiten Weltkrieg lang ins Gefängnis brachte. Obwohl er nicht physisch an den Ereignissen teilnahm, gelang es Bandera dennoch, seine Ideologie erfolgreich zu verbreiten.

Viele unabhängige Historiker schätzen, dass die Miliz bis Ende 1941 150 bis 200.000 Juden auf dem von den Deutschen besetzten ukrainischen Territorium ausgerottet hat.

Das berüchtigtste und ungeheuerlichste Massaker fand am 29. September in Wolhynien und in der Nähe der Stadt Kiew. In ihrer Umgebung mussten am Montag, dem 29. September, bis 8:00 Uhr morgens alle Juden erscheinen.

Bringen Sie Dokumente, Geld und Wertsachen, sowie warme Kleidung, Wäsche usw. mit. Alle

Juden, die sich nicht an diese Anordnung halten und woanders gefunden werden, werden erschossen.

33.771 Juden wurden bei dieser zweitägigen Operation der Nazis und der ukrainischen Miliz getötet.

Ein weiteres entsetzliches Massaker wurde zwischen 1943 und 1944 von der ukrainischen aufständischen Armee und der Bandera-Fraktion der Organisation ukrainischer Nationalisten im von Deutschland besetzten Polen, Wallonien und Ostgalizien verübt. Dieser Völkermord an **Polen** wurde von **Mykola Levitt** angeführt.

35.000 bis 60.000 Menschen in Schytomyr und 25.000 bis 40.000 in Ostgalizien fielen dieser massiven ethnischen Säuberungsaktion zum Opfer.

Als die Organisation der ukrainischen Nationalisten den unvermeidlichen Verlust der deutschen Truppen spürte, gab sie ihren ehemaligen Verbündeten auf und begann, gleichermaßen gegen die Deutschen und die Sowjets zu kämpfen.

Im Januar 1943 begannen Truppen der UdSSR, die Nazis zurückzudrängen und befreiten einen Teil der Ukraine nach dem anderen.

Die Westukraine war die letzte von den Deutschen besetzte ukrainische Region, die im Oktober 1944 endgültig befreit wurde.

Banderas-Banden führen weiterhin ihren Guerillakrieg gegen das Sowjetregime, führen blutige Überfälle auf ukrainische Dörfer und Städte durch und hinterlassen Chaos und Opfer.

Dieser Krieg dauerte bis Mitte der 1950er Jahre, als die letzten Kollaborateure entweder festgenommen wurden oder aus dem Land flohen.

Am 7. Mai 1945 ergab sich Deutschland bedingungslos den Alliierten. Die Ukraine blieb ein Teil der Sowjetunion.

Der Frieden nach dem Zweiten Weltkrieg war nur von kurzer Dauer.

Die Vereinigten Staaten und die Sowjetunion.

Nationen, die sich mit England verbündet hatten, um die Nazis zu besiegen, wurden tragischer Weise zu Feinden, als der Kalte Krieg begann.

Die Ära politischer und militärischer Spannungen zwischen den USA und der UdSSR dauerte fast 45 Jahre und hielt die Menschheit der ständigen Bedrohung durch einen Atomkrieg ausgesetzt.

In diesem Kampf haben die Vereinigten Staaten nie die Bedeutung der Ukraine aus den Augen verloren.

Der US-Geheimdienst behielt ukrainische nationalistische Organisationen als mögliche Quelle der Spionageabwehr gegen die Sowjetunion im Auge. CIA-Dokumente, die erst kürzlich freigegeben wurden, zeigen starke Verbindungen zwischen dem US-Geheimdienst und ukrainischen Nationalisten seit 1946.

*Aus dem Bericht der **CIA-Agentur** geht klar hervor, dass sie sich weder über die Natur der ukrainischen nationalistischen Organisationen noch über ihren Anführer, **Stepan Bandera** selbst, geirrt haben.*

Laut einem OSS-Bericht vom September 1945 hatte sich Bandera einen erbitterten Ruf erworben, weil er während des Zweiten Weltkrigs eine Schreckensherrschaft geführt hatte.

Nach dem Zweiten Weltkrieg flohen Bandera und andere ukrainische Naziführer nach Europa, wo ihnen die CIA half, sich zu verstecken.

Die CIA informierte später den Einwanderungs- und Einbürgerungsdienst, dass sie Stephan Bandera und andere Ukrainer vor den Sowjets versteckt hatte.

Die Operationen, an denen Ukrainer beteiligt waren, dauerten viele Jahre. Die Nürnberger Prozesse von 1945, 1946 brachten die politischen, wirtschaftlichen und militärischen Führer des faschistischen Deutschlands vor Gericht und enthüllten der Welt das monströse Gesicht des Nationalsozialismus und der von ihnen begangenen Verbrechen.

Aber den ukrainischen Nazis blieb das gleiche Schicksal erspart, und einige erhielten sogar Ablässe von der CIA. Bis 1954 entschuldigte die Agentur die illegalen Aktivitäten der UN-Sicherheitsabteilung im Namen der Notwendigkeit des Kalten Krieges.

1949 wurde Mykola Levit, der für die Massaker in Wolhynien verantwortlich war, in die Vereinigten Staaten verlegt, wo er 1989 starb,

ohne jemals als Kriegsverbrecher ermittelt oder verfolgt zu werden.

Die CIA zog 1952 um, um den ukrainischen Nationalistenführer Mykola Levit vor strafrechtlichen Ermittlungen durch die Einwanderungs- und Einbürgerungsbehörde zu schützen.

Vielleicht verlor Bandera seine Verwendung an die USA. Oder vielleicht haben KGB-Agenten die CIA überlistet. Doch 1959 wurde Stepan Bandera, der Führer der ukrainischen Nationalisten, in München ermordet, wo er sich unter dem Namen Stefan Popel versteckt hielt.

Man kann durchaus sagen, dass Bandera durch reinen Zufall zu einem wichtigen Symbol des ukrainischen Nationalismus wurde, denn er war weder sein einziger noch sein mächtigster Anführer.

Dmytro Dankof war der Vater der rechtsextremen totalitären Doktrin in der Ukraine. **Andrei Melnik** war der Anführer einer anderen Fraktion der **OUN**. **Romanchuk** war ein General der ukrainischen Aufständischenarmee (Українська повстанська армія / Ukrajinska powstanska armija) und andere leisteten einen großen Beitrag zur Bewegung. (Die UPA bestand aus zwei militärischen Einheiten, der südlichen und der nördlichen. Diese hatten jeweils bis zu 15.000 Mann und waren ihrerseits in Bataillone („Kuren") zu jeweils 500 Mann aufgeteilt)

*Bandera ist eine gefährliche Ideologie, die von den kommunistischen Behörden unterdrückt, aber von **externen Kräften unterstützt wurde**, die nie wirklich starb.*

Die Saat des ukrainischen Nationalismus wurde von Generation zu Generation weitergegeben. Leider war es nur eine Frage der Zeit, bis sie wieder blühen würden.

1954 wurde das Territorium der Ukraine noch weiter ausgedehnt, als Nikita Chruschtschow, der Führer der UdSSR und selbst Ukrainer, die Krimregion großzügig der Ukraine übergab.

Historiker würden noch viele Jahre und 60 Jahre nach Chruschtschows Geschenk über die Legitimität dieser Übertragung streiten.

Dramatische neue Ereignisse würden auf der Krim stattfinden.

Die Augen der Welt sind auf die Ukraine gerichtet, da die Krise auf der Krim andauert.

Dutzende schwer bewaffnete Männer beschlagnahmten Regierungsgebäude auf der Krim. Sollte die Ukraine nur mit den Schultern zucken und sagen, okay, die Krim ist verloren und die alten Streitigkeiten würden wieder aufflammen?

Der Kalte Krieg würde sich abwechselnd aufheizen und wieder abkühlen, während beide Rivalen obsessiv militärische Kapazitäten aufbauten. Der Wendepunkt fand statt, als die Perestroika der neuen Ära mit ihrem neuen Führer, Michail Gorbatschow, in die UdSSR kam.

Mitte der 1980er Jahre. Perestroika bedeutete Umstrukturierung in Richtung Liberalisierung und Demokratisierung.

Auf die internationale Lage hatte dies sicherlich positive Auswirkungen. Nun, erstaunliche Nachrichten aus Ostdeutschland, wo die ostdeutschen Behörden im Wesentlichen gesagt haben, dass die Berliner Mauer nichts mehr bedeutet.

Aber innerhalb der UdSSR hatte die Schwächung der Kremlkontrolle andere Folgen.

In der Ukraine entstand 1989 aufgrund dieser neuen Offenheit innerhalb ihrer Grenzen und nationalen Herrschaft eine nationalistische politische Organisation, **People's Movement of Ukraine**. (Народний Рух України)

Sie setzten sich für die Unabhängigkeit der Ukraine von der UdSSR ein und wurden zu einem Inkubator für Führer des ukrainischen Neonazismus.

Einer von ihnen, Yaroslaw Andruschkiw, gründete 1991 **Svoboda**, eine offen radikale nationalistische Partei, die die guten alten Prinzipien von **Bandera** predigt. Aber die ganze Zeit war es gut für sie, wenn er Streichhölzer auf Ihr Auto warf, die Ukraine von den **Juden und Russen** säubern, die Ukraine von den Russen Ukrainern und so weiter.

Seine Äußerungen brachten ihm 2012 den fünften Platz in der Top-Ten-Weltrangliste der Antisemiten des Simon-Wiesenthal-Zentrums ein.

Aber er zog leider auch zahlreiche Anhänger an. Im April 2013 wurde Jarosz, Assistent eines Abgeordneten der Oppositionspartei Demokratische Allianz (UDA). Später im selben Jahr wurde er der Anführer der radikalsten ukrainischen Nazigruppe, des rechten Sektors. (Der Führer der ukrainischen **Oppositionspartei Demokratische Allianz (UDA),** ist zur Zeit der **Boxer Vitali Klitschko**)

Klitschkos Partei UDA ist im Wesentlichen von der CDU und ihrer Konrad-Adenauer-Stiftung aufgebaut worden. Bei den Demonstrationen im Dezember nahmen führende deutsche und amerikanische Politiker an den Demonstrationen teil und unterstützten die Proteste demonstrativ.

Die Fackelmärsche würden wieder die Straßen der ukrainischen Städte erhellen.

Die Welt veränderte sich drastisch im August 1991, als die UdSSR de facto aufhörte zu existieren, und die globale politische Landkarte viele Neuankömmlinge willkommen hieß.

Ukraine, einer von ihnen in der modernen Geschichte. Es war das erste Mal, dass die Ukraine wirklich unabhängig und auf sich allein gestellt war.

Die rote Fahne wurde heute Abend über dem Kreml gehisst, als Präsident Gorbatschow zurücktrat und sieben Jahrzehnte kommunistischer Herrschaft in der Sowjetunion beendete. Die Jahre nach dem Zerfall der UdSSR wurden in allen postsowjetischen Gebieten als die verrückten Neunziger bekannt.

Er hinterlässt 15 unabhängige Staaten, die nur eine desaströse Wirtschaft und eine ungewisse Zukunft teilen. Nachdem der freie Markt unter einer von der Regierung kontrollierten Wirtschaft war, änderte er die Spielregeln dramatisch.

Sofort sind neue Geschäfte entstanden, und die ersten Oligarchen wurden über Nacht geboren. Das ehemalige Land ohne Klassentrennung wurde plötzlich geschichtet. Die wenigen Auserwählten wurden reich, während der Rest ums Überleben kämpfen musste.

Die wachsende Unzufriedenheit der Bevölkerung machte die Ukraine anfälliger für äußere Kräfte.

Und eine neue Art der Kriegsführung wurde ins Leben gerufen, die vor den Farbrevolutionen nicht bekannt war. Demonstranten stoßen mit der Polizei zusammen, Hunderttausende protestieren gegen das Wahlergebnis und fordern eine Neuwahl.

Die Ukraine hat in den 24 Jahren ihrer Unabhängigkeit zwei Farbrevolutionen erlebt. Im Jahr 2004 strömten Menschenmassen nach Kiew, was den Beginn der Orangenen Revolution markierte.

Zu dieser Zeit wurde die Ukraine erneut zu einem Schlachtfeld zweier Kräfte, der russischen und der westlichen Regierung.

Der Höhepunkt dieses Konflikts fand während der Präsidentschaftswahlen im November 2004 statt. Die beiden Hauptkandidaten, der vom Westen unterstützte **Wiktor Andrijowytsch Juschtschenko** und der russisch orientierte

Viktor Janukowitsch, teilten sich übrigens fast die gleichen Stimmen der Ukrainer und nannten Wiktor Andrijowytsch Juschtschenko.

Westlich unterstützt ist keine Übertreibung.

Seine Frau, **Katerina Yushchenko**, ist eine ehemalige Beamtin des US-Außenministeriums und arbeitete während der Reagan-Regierung im Weißen Haus. Die Aufteilung erfolgte nach geografischen Gesichtspunkten.

Traditionell stimmte die russische Ostukraine für Janukowitsch, während die Westukraine Juschtschenko wählte.

Durch das angekündigte Ergebnis verlor Wiktor Andrijowytsch Juschtschenko gegen Viktor Janukowitsch. Aber Tausende von Menschen waren damit nicht einverstanden und kamen am 22. November auf den zentralen Platz von Kiew.

Die Situation erhielt breite Berichterstattung in den Nachrichten. Die Wahlkommission des Landes ignorierte Betrugsberichte und erklärte, der Kreml habe Wiktor Janukowitsch zum Sieger unterstützt.

Internationale Politiker wie der ehemalige **Generalsekretär von Nato Javier Solana** waren häufige Gäste in Kiew, um Verhandlungen zwischen den Parteien einzuleiten, und sie waren sehr davon überzeugt, dass der gute Wille aller diese Schwierigkeit überwinden kann. Die

Ergebnisse der Verhandlungen wurden jedoch oft nur auf dem Papier erreicht.

So forderte Juschtschenko die Unterstützer nie auf, die Blockade von Regierungsgebäuden im Zentrum von Kiew einzustellen. Die Proteste dauerten einen Monat, während dieser Zeit wurden die vorherigen Wahlergebnisse annulliert, durch massive Korruption getrübt und Neuwahlen angekündigt.

Eine wichtige Nuance nur drei Monate, bevor Wiktor Andrijowytsch Juschtschenko Opfer einer mysteriösen und noch immer ungeklärten Vergiftung wurde. (Im September 2004 erlitt Wiktor Juschtschenko eine Dioxinvergiftung, in deren Verlauf sein Gesicht entstellt und seine Organe lebensgefährlich angegriffen wurden. Die ersten Anzeichen einer Vergiftung wurden am 6. September 2004 festgestellt, nachdem Juschtschenko ins Krankenhaus eingeliefert worden war. Tags zuvor hatte er sich zu einem Abendessen mit Ihor Smeschko, dem Chef des ukrainischen Inlandsgeheimdienstes, und dessen Stellvertreter Wolodymyr Sazjuk auf Sazjuks Datscha getroffen.)

Aber es hinderte ihn nicht daran, die Neuwahl zu gewinnen, obwohl, wie wir gleich sehen werden, viel mehr als nur der Volkswille zu diesem Sieg geführt hat. Diese friedliche Revolution und ihr Anführer wurden von der internationalen Gemeinschaft herzlich begrüßt.

Doch die Euphorie hielt nicht lange an. Juschtschenkos Regierung scheiterte vollständig mit Reformen und verpasste ihre Chance, eine Demokratie zu etablieren, und verfiel stattdessen in Machtkämpfe. Wiktor Andrijowytsch Juschtschenko wurde nicht für eine zweite Amtszeit wiedergewählt, aber am Ende seiner Präsidentschaft hatte er die Zeit, seinen Anhängern aus der Westukraine ein letztes Geschenk zu machen.

Der britische Schokoladenpudding, der Ihr Gehirn und sie alle zerstört. Der Heldenstatus von **Stepan Bandera** war nur von kurzer Dauer.

2010 wurde Wiktor Andrijowytsch Juschtschenko zum Präsidenten gewählt. Diesmal hatte die internationale Gemeinschaft keine Zweifel an der Legitimität der Wahlen im Januar 2011.

Wiktor Andrijowytsch Juschtschenko hob den Heldentitel von Bandera auf. Fast vier Jahre nach seiner Präsidentschaft erschütterte jedoch eine weitere Revolution die Ukraine.

Leider war dieser alles andere als friedlich. Wir müssen jetzt die US-Variante erneut implementieren, um dies in einem Haushaltsjahr einzuschränken.

Die Ukraine-Reise mit Wirtschaftsgrundlagen. Russland kann den Patrioten einfügen. Europa kann in der Nähe eingesetzt werden, erhält aber auch vorgeschriebene ukrainische Brustpanzer. Ja, die Ukraine ist immer noch dumm im EU Frei Museum.

NSDAP-Hauptquartier Europa.

In der ukrainischen Hauptstadt Kiew kam es zu gewalttätigen Zusammenstößen, als mehr als 100.000 Menschen gegen eine Entscheidung der Regierung protestierten, ein Assoziierungsabkommen mit der EU zu verschieben. Arsenij Jazenjuk, Vorsitzender der Oppositionspartei. Vaterland. Oleg Rybak, Vorsitzender der oppositionellen nationalistischen rechtsextremen politischen Partei. Svoboda.

Vitali Klitschko, Vorsitzender der Oppositionspartei, bei der sowohl EU- als auch ukrainische Beamte starben. Die Aussetzung der Gespräche über engere Beziehungen könnte nach dem zweitägigen Treffen wieder aufgenommen werden, aber Beamte sagten, der Deal sei vorerst vom Tisch. Pro-EU-Proteste auf den Straßen von Kiew gehen in ihren zweiten Tag. Zu den rund 1000 Demonstranten gesellte sich der Oppositionsführer, der amtierende Boxweltmeister Vitali Klitschko. Er hatte alle aufgerufen. Aufruf an die Demonstranten, den Druck auf die Regierung aufrechtzuerhalten, nachdem diese beschlossen hatte, kein großes Handelsabkommen mit der EU zu unterzeichnen.

Sie fahren am nächsten Tag nach dem Treffen mit **Merkel** zurück nach Kiew und es kam zu Protesten. Habe ich Recht? Kannst du mich durch diese Zeit führen?

Ja, es waren viele. Einige von ihnen nicht wirklich.

Robert Parry war ein langjähriger investigativer Journalist mit Sitz in Washington, DC, der vor allem für seine großen Enthüllungen über den Iran-Contra-Skandal in den 1980er Jahren bekannt ist. Er ist Gründer von **Konsortium News**, wo er ausführlich über die Krise in der Ukraine und die Kräfte hinter den Unruhen berichtet hat.

Eine NGO ist eine Nichtregierungsorganisation. Jetzt sind viele NGOs recht legitim. Sie stehen für gute Zwecke. Vielleicht helfen sie Menschen in einem Land bei der Ernährung oder bei der Lösung von Wasserproblemen oder bei verschiedenen Arten von sozialen Problemen.

Aber es gibt einige NGOs, die von Regierungsbehörden finanziert wurden und mehr dem Zweck dieser Regierung dienen, als

zu versuchen, den Menschen zu dienen, für die sie angeblich arbeiten.

Eine Sache, die wir in den 1980er Jahren gesehen haben, war zu diesem Zeitpunkt, dass die Central Intelligence Agency aufgrund von Skandalen, die in den 1970er Jahren aufgedeckt worden waren, weitgehend diskreditiert war.

Seit 15 Jahren finanziert die CIA heimlich Auslandsaktivitäten der National Students Association. Aber dann kamen sie ans Licht mit einen fantastischen Netz von CIA-Penetrationen.

Als die Reagan-Administration eintrat, gab es dieses Konzept, dass anstelle der CIA, die traditionell in diese verschiedenen Zielländer ging, ihre Medien finanzierte, NGOs finanzierte, verschiedene politische Operationen finanzierte, die im Wesentlichen an eine neue Organisation namens vergeben wurde das National Endowment for Democracy, das 1983 gegründet wurde.

Und **NGO** würde ziemlich genau das tun, was die **Agentur** früher getan hat. Es würde in eines dieser Länder gehen und verschiedene politische Gruppen unterstützen, Aktivisten ausbilden, mit Journalisten und Geschäftsgruppen verhandeln und versuchen, die außenpolitischen Interessen der USA voranzutreiben, manchmal gegen die Interessen der Gastregierung, der Zielregierung.

Darüber hinaus erhielten sie finanzielle und andere logistische Hilfe vom National Endowment for Democracy und anderen US-Behörden, die ihnen halfen, Aktivisten auszubilden und mit Journalisten zusammenzuarbeiten, um ihre Seite günstiger darzustellen.

Sie arbeiten an Dingen wie, wie Sie Traktion bekommen, wie Sie Dinge viral machen, wie Sie das dann nutzen, um Unterstützung für Ihre Sache zu generieren?

Und Unterstützung wurde generiert. War der Gründer? Ja. **Mustafa Naim**, Gründer eines der neuen Medien-Outlets der Ukraine. (Mustafa Najjem, auch Mustafa Nayyem, (Мустафа Найєм/ russisch Мустафа Найем/Mustafa Najem; * 28. Juni 1981 in Kabul, Afghanistan) ist ein ukrainischer Parlamentsabgeordneter, Journalist und Aktivist afghanischer Abstammung. **Mustafa Najjem nahm am 11. Oktober 2015 als Mitglied der ukrainischen Delegation erstmals an der Parlamentarischen Versammlung der NATO teil.**

Als Korrespondent der Ukrajinska Prawda wurde er durch spektakuläre Enthüllungen bekannt. Er nahm an zahlreichen Protestaktionen wie „Stopp die Zensur!" teil.

Najjem gilt als einer der Initiatoren des Euromaidan, der zum Sturz der Regierung Asarow und des Präsidenten Janukowytsch führenden Protestbewegung in der Ukraine, nachdem er am 21. November 2013 über Facebook zu Protesten auf dem Platz der Unabhängigkeit in Kiew aufgerufen hatte.)

Vom Moskauer Fernsehen wusste er sehr gut, wie man etwas viral macht. Es war sein berüchtigter Facebook-Post am 21. November 2013, der die ersten Menschenmassen auf den Maidan brachte. Die Wahrheit verstehen, dass es ein bisschen bescheidener ist.

Wer die Zeitung nicht liest, ist uninformiert. Wer Zeitung liest, ist falsch informiert.

Um Ihre Botschaft effizient genug zu übermitteln. In der modernen Welt mit so vielen verschiedenen Technologien und Kommunikationsmitteln müssen Sie sie alle annehmen.

Als die beunruhigenden Ereignisse des Euromaidan am 21. November 2013 begannen, gingen drei neue Fernsehsender auf Sendung und wurden plötzlich in der Ukraine erstaunlich populär. Verpassen Sie keinen Fernseh Sendung.

21.11. Dramatisches Fernsehen am 22. November. Und Espresso KKTV am 24. November direkt vom Protest der Opposition. Diese Kanäle wurden viral, unterstützten die Proteste und ermutigten immer mehr Menschen, zu den Menschen auf dem Maidan zu kommen.

All diese Evolution ist also Nachahmung. Und ich nenne diese Problempartei neofaschistischen Reaganismus. Es war nicht so ein wirklich aggressiver Akt. So. Wie ist es, beim Virginian, dem Kabinettsminister des Bundesstaates, erreichbar zu sein? Stottern verlangsamt nur das Neugeschäft, das langsam ist.

Der 30. November 2013 wurde zum ersten Wendepunkt des Euromaidan und zu einem seiner am meisten gemeldeten und mysteriösen Ereignisse, nachdem Bereitschaftspolizisten in den frühen Abendstunden friedliche Demonstranten mit Knüppeln angegriffen haben. Augenzeugen, die dabei waren, sagten, dass die Polizei Schlagstöcke benutzt habe.

In der Nähe, nur um zu berichten, reagiert möglicherweise nicht nur der Maidan, sondern auch die Straße. Was wir unten sehen, ist hauptsächlich ein Ringen um langweilige Vorläufer, die eine Mission widerspiegeln, die ein herausragendes Sahnesiegel ist.

Ja, ziemlich einzigartig, es sollte eine Kommission geben, die ein kriminelles US-Siegel zur Verfügung stellte. Sie benutzen es so oft, dass sie hineinschreiben können, sie könnten posten und dann werden Sie irgendwo die beliebte Rechnung machen. Jemand mit einem cleveren Administrator könnte ein legitimes Login haben.

Zufälligerweise ist Sergei Hodgkin ein enger Mitarbeiter vieler **US-Politiker**.

Der Sicherheitsdienst der Ukraine hatte Beweise dafür, dass Lo Ovechkin in dieser Nacht mit dem Oppositionsführer Jazenjuk in Kontakt stand, wo sie unter dem Vorwand, den jährlichen Weihnachtsbaum aufzustellen, über die Räumung des Maidan sprachen.

Nachrichtenmedien berichteten, dass die Bereitschaftspolizei die Studenten, die friedlich in ihren Zelten schliefen, grausam angegriffen habe. Aber Szenen aus dem Ereignis scheinen eine andere Geschichte zu erzählen.

Offenbar warteten die Demonstranten auf die Polizei. Außerdem waren Dutzende von Journalisten und Kameraleuten von allen neuen öffentlich-rechtlichen Nachrichtenagenturen bereit, um über die Ereignisse zu berichten. Und am bedrohlichsten ist, dass eine Gruppe gut ausgebildeter junger Männer fast gleichzeitig mit der Bereitschaftspolizei auf dem Maidan eintraf. Sie infiltrierten die Menge und begannen mit Beleidigungen, Steinen und Fackeln zu provozieren.

Der rechte Sektor in der Ukraine repräsentiert einen Teil der ukrainischen Bevölkerung, der oft ziemlich rechtsextreme Positionen bevorzugt. Sie hatten Milizen, die vor allem während der Maidan Proteste kamen.

Es gab Gruppen, die nach Kiew verschifft wurden, wo sie praktisch die Muskeln für die Demonstrationen liefern würden. So wurden die Demonstrationen von relativ friedlichen, politischen Protesten immer gewalttätiger.

Der erste Schritt jeder Detektivarbeit ist die Ermittlung eines Motivs. Es wird jetzt gesagt, dass Sergey Povetkin von seinen mächtigen US-Freunden hoch geschätzt wird, empört über das, was in den Nachrichten berichtet wurde. Die ukrainische Bevölkerung rückte am nächsten Tag in Scharen an, um ihrer Wut über das Vorgehen der Polizei Luft zu machen.

Die Gewalt begann sich zu entfalten.

Wenn du gefickt wurdest, hast du ganz natürlich getötet.

So verschleiert und maskiert die Farbrevolutionen auch sein mögen, ein aufmerksamer Betrachter kann subtile Muster und Ähnlichkeiten erkennen, die ihre wahre Natur offenbaren.

Um Massen dazu zu bringen, als eine gehorsame Gruppe zu handeln, müssen sie auf der unbewussten Ebene vereint werden.

Die Vordenker der Farbrevolutionen wissen das genau und haben die Kunst perfektioniert. Symbolik ist eines der mächtigsten Werkzeuge, um dieses Ziel zu erreichen.

Revolutionäre politische Organisationen mit überraschend ähnlichen Namen und noch ähnlicheren Logos sind immer wieder aufgetaucht, fast als Omen für die Länder, die als nächstes von der farbigen Pest heimgesucht werden würden.

Sie werden oft als bewusst und aktiv beschrieben, obwohl sie tatsächlich trainiert und radikal sind.

Sie sind diejenigen, die den ersten Versuch unternehmen, buchstäblich und metaphorisch, um die friedlichen Proteste in ausgewachsene Staatsstreiche zu verwandeln.

Ihre Fingerabdrücke sind überall auf der Landkarte der Farbrevolutionen zu finden. Mit all der Erfahrung vergangener Generationen werden einfache, aber effektive Werkzeuge wie eingängige Mitsing- und Gesangsgesänge eingesetzt. Bekannt dafür, die Menge zu begeistern und eine Gruppenidentität zu schaffen. Sie entpersonalisieren Personen und machen sie leichter manipulierbar.

Rauchende Waffe. Ja, dies ist jedoch die nahe Auflösung vor Ort. Dies ist übrigens eine solche Organisation.

Ramsgate TV erhielt großzügige Spenden von der niederländischen und der US-Botschaft sowie von der **Renaissance Fundation**, einer von George Soros gegründeten NGO.

Sie haben in der Ukraine eine Stiftung gegründet, bevor die Ukraine von Russland unabhängig wurde, und seitdem funktioniert die Stiftung und hat eine wichtige Rolle in den Ereignissen gespielt.

Jetzt mag ich Kritik, aber es muss mein Weg sein. Haben Sie irgendwelche Beweise für eine US-Beteiligung gesehen? Haben Sie die Präsenz aus den USA gespürt?

Francesco, ich habe mich erstochen. Italiens Gewerkschaft und vieler Länder mit **Victoria Nuland** beim Schach. Die USA werden keine positiven Jusqu'ici auf dem Maidan sehen. Er hat hier einen Presseverband eingerichtet. Benalla oder irgendein Krimineller sollte etwas davon wissen. Sie sehen eine Nachricht. Vielleicht auf dem Maidan.

Wir werden wieder hier auf diesem Platz sein, um mit Ihnen zu feiern. Und Sie beten, dass das zu Europa und zu den Vereinigten Staaten steht.

Nun, während dieser Zeit besuchten Mitglieder des Kongresses die Ukraine, am bekanntesten der Kongressabgeordnete **John McCain**.

Einigen der Leute, die ihre Regierung, ihre gewählte Regierung zu diesem Zeitpunkt herausforderten, wurde also von einem hochrangigen US-Beamten, einer Person, die für das Präsidentenamt kandidierte, und einem

Spitzenbeamten im US-Kongress gesagt, dass die USA auf ihrer Seite seien.

Ich bin Senator John McCain und es ist immer eine Freude, wieder in der Ukraine zu sein.

*Senator McCain gab den Menschen in der **Maidanhöhle** gewissermaßen das Gefühl, dass sie die Rückendeckung des mächtigsten Landes der Erde haben.*

Hier geht es um die Zukunft, die Sie sich für Ihr Land wünschen. Hier geht es um die Zukunft die du verdienst.

Das Gleiche. Nein. Ja. Was gibt es noch? Gibt es durchschnittlich beraubt?

Wer war in dieser Zeit Ihr Kontakt auf höchster Ebene mit der US-Regierung?

Ihr Pastor, junge E-Mail-Kontakte innerhalb des Vizepräsidenten von Biden. Ich meine, ich glaube, nur dieses Telefon, jetzt haben sie keinen Deal mit

Tom Store, da Präsident Biden viel über die Ukraine weiß. Und der US-Botschafter.

Kennen aber auch den Beginn der Ukraine.

Anfang Februar 2014, als die Jungfernkrise immer heftiger wurde, wurde ein Telefongespräch abgehört. Es war ein Anruf zwischen der stellvertretenden Außenministerin für europäische Angelegenheiten, Victoria Nuland, und dem US-Botschafter in der Ukraine, Geoffrey Pyatt.

(Ein Video eines durchgesickerten Gesprächs zwischen der damaligen stellvertretenden Außenministerin Victoria Nuland (**https://consortiumnews.com/2022/05/27/nulan d-pyatt-video-restored-to-youtube**) und dem damaligen US-Botschafter in der Ukraine, Geoffrey Pyatt, das von YouTube entfernt worden war, wurde wiederhergestellt. In dem Video diskutieren die beiden Wochen vor der gewaltsamen Vertreibung des demokratisch gewählten Präsidenten Wiktor Janukowitsch über einen Regierungswechsel in der Ukraine. Das am 29. April 2014 veröffentlichte Video hatte 181.533 Aufrufe, bevor es am Mittwoch entfernt wurde, und gehörte zu den meistgesehenen Versionen des Gesprächs auf YouTube. Zuschauerkommentare von acht Jahren zu dem Video wurden ebenfalls entfernt.)

Fragen der Glaubwürdigkeit werden aufgeworfen, nachdem ein privater Chat zwischen zwei hochrangigen US-Diplomaten online durchgesickert ist. Ich denke, er ist der Typ, der die Wirtschaftserfahrung hat, die Regierungserfahrung. Er ist der Typ, wissen Sie, was er braucht, ist ein klares Centanni-Buch nach außen. Ich denke nur, wenn Klipsch reingeht, wird er auf diesem Niveau sein und für Yatsenyuk arbeiten. Es wird einfach nicht funktionieren.

Ja, nein, ich denke, das ist, denke ich, das ist richtig. OK gut. Was sollen wir versuchen, als nächsten Schritt einen Anruf mit ihm zu vereinbaren?

Sullivan ist zu mir zurückgekommen, VFR sagt, Sie brauchen Biden. Und ich sagte, wahrscheinlich morgen für einen Atta-Jungen und die Deets zum Sticken bekommen. Biden ist also bereit.

Sie hatten also diesen bemerkenswerten Telefonanruf, bei dem diese beiden hochrangigen Beamten der US-Regierung offenbar über einen Putsch in der Ukraine sprachen oder darüber, wie sie die Regierung der Ukraine umstrukturieren wollten.

Scheiß auf die EU.

Nicht exakt.

Ich sage nicht, dass die gesamte US-Regierung so denkt. Darüber gibt es Meinungsverschiedenheiten, aber das neokonservative Element will unbedingt die strategische Dynamik in Osteuropa verändern.

Die Neokonservativen sind sehr schlaue Leute und das schon seit langer Zeit. Sie kamen wegen der Frage der Propaganda herein. Sie untersuchten, wie man Hot Buttons für das amerikanische Volk erstellt. Sie hatten diese Erfahrung, als sie in den 1980er Jahren die Amerikaner dazu brachten, sich für Mittelamerika zu begeistern.

Die reguläre Armee der Sandinisten, deren Bodentruppen jetzt mit russischer Artillerie ausgerüstet werden.

Und seitdem wenden sie dieselben Strategien an.

Sie bleiben sehr engagiert, ihre Ziele zu erreichen. Sie wollen immer noch bestimmte Regierungen loswerden. Sie wollen zum Beispiel einen Regimewechsel in Syrien, einen Regimewechsel im Iran. Sie sind darin sehr geschickt und haben jetzt viele Verbündete in den Nachrichtenmedien, in der Regierung. Und das bedeutet, dass sie viel tun können, um die Erzählung jeder Geschichte zu kontrollieren.

Ich denke also, dass wir uns heutzutage in Amerika irgendwie eingeredet haben, dass es viele andere Möglichkeiten gibt, mit diesen Problemen umzugehen, als harte Macht. Wladimir Putin kümmert sich um harte Macht.

Die Neokonservativen können jetzt einen Führer eines Landes dämonisieren, der mit dem amerikanischen Volk verkauft. Sie argumentieren also nicht nur für eine Politik, Sie greifen den Führer an. So wurden die Neokonservativen sehr geschickt darin, Führer auszuwählen, ihre hässlichen Eigenschaften zu finden und sie dann hervorzuheben.

Man könnte sagen, Janukowitsch war ein ziemlich klobiger politischer Führer, aber Sie machen ihn zu einem Teufel. Er ist total korrupt und er ist böse und er will Menschen auf dem Maidan töten, diese wunderbaren Demonstranten mit weißen Hüten. Sie haben also einen schwarzen Hut gegen einen weißen Hut und Sie wiederholen dieses grundlegende Szenario und es funktioniert mit dem amerikanischen Volk.

Sie müssen erkennen, was Wladimir Putin ist. Er ist ein alter KGB-Oberst, der das russische Imperium wiederherstellen will.

Du machst sie zu Dämonen. Und das dumme Volk stellt fest, dass dies die Art und Weise ist, wie es die Welt verstehen kann. Sobald das passiert, ist es für Journalisten oder sonst jemanden sehr schwierig zu sagen, wissen Sie, halten Sie fest, dieser Typ, er hat eher einen grauen Hut als einen weißen oder schwarzen Hut. Und wenn Sie das sagen, sind Sie plötzlich ein Janukowitsch-Apologet oder ein Putin-Apologet, und dann kommen die Angriffe auf die Person, die das sagt, den Journalisten, den Akademiker oder sonst wen.

Jeder gute Regisseur wird Ihnen sagen, dass Tempo und Rhythmus die wichtigsten Komponenten sind, um die Aufmerksamkeit des Publikums zu fesseln.

Sommer, ein Maidan-Fußballstil in der Schachtechnik.

Es kann auch als Methode des Verrats bezeichnet werden, wenn die Verbündeten und Anhänger unerbittlich in die revolutionäre Flamme geworfen werden. Es ist einfach. Wenn die Vorbereitungsarbeiten abgeschlossen sind, muss nur noch der Abzug betätigt werden, um die Maschine in volle Bewegung zu versetzen.

Der Mord an dem Politiker Rafik Hariri führte zur Zedernrevolution.

Wenn wir auf die mysteriöse Vergiftung von Wiktor Andrijowytsch Juschtschenko kurz vor der Orangenen Revolution von 2004 zurückblicken, sehen wir jetzt, dass er selbst zu einem heiligen Opfer wurde. Die meisten politischen Analysten glauben, dass das Mitgefühl des ukrainischen Volkes in diesem Moment den Ausschlag gab und ihm die Präsidentschaft verlieh.

Die Zahl der Opfer unter den Demonstranten während des Euromaidan belief sich auf über 100. Sie werden die Himmlischen Hundert genannt. Alle heiligen Opfer wurden sofort mythologisiert. Das Schlagen von Studenten am 30. November 2013 war der offensichtliche Auslöser des Euromaidan. Diejenigen, die Zugprovokateure auf den Platz schickten, waren sich sehr wohl bewusst, dass friedliche Demonstranten diejenigen waren, die am meisten verletzt würden.

Es ist schwer, die Proteste über Monate am Laufen zu halten. Spannungen lassen nach und die Menschen werden unweigerlich müde. Auch für revolutionäre Vordenker sind Feiertage eine große Gefahr. Die Menschen wollen zu Hause bei ihren Familien und Freunden sein, und man muss erfinderisch werden, um die Menschen in einer kalten Zeltstadt zu halten.

Am Weihnachtstag 2013 wurde die Boulevardjournalistin und politische Möchtegern-Politikerin ukrainische Journalistin Tatjana Tschornowol dazu auserkoren, das Werkzeug zu werden, um die Proteste auf dem Maidan wieder aufzupeitschen.

Eine zivilgesellschaftlicher Aktivistin und Journalist, der dafür bekannt ist, Korruption unter hochrangigen Beamten zu untersuchen, wurde an Weihnachten vor der ukrainischen Hauptstadt geschlagen.

Denn ihre Heldentaten als Reporterin sahen eher wie kleine Verbrechen aus, als sie in die Präsidentenresidenz von Wiktor Andrijowytsch Juschtschenko eindrang und eine aufrührerische Menge dazu veranlasste, das Gebäude der Stadtverwaltung von Kiew zu besetzen.

Als sie in ein Auto des Sicherheitsdienstes der Ukraine einbrach, sah es so aus, als wäre Tatiana mehr daran interessiert, Nachrichten zu machen, als darüber zu berichten und einen

Bekanntheitsgrad zu erlangen, der in Stimmen für ihre schwierige politische Karriere in der Oppositionspartei Vaterland umgewandelt werden könnte. Sie machte den Weltmedien 2013 ein Weihnachtsgeschenk, als sie von unbekannten Angreifern auf der Straße grausam zusammengeschlagen wurde.

Trotz der Tatsache, dass in nur drei Tagen alle Verdächtigen festgenommen wurden und gestanden haben, Tatiana während eines Vorfalls im Straßenverkehr geschlagen zu haben. Weltmedien bestanden immer wieder auf dem politischen Hintergrund des Verbrechens. Sofort wurde Tatiana zu einer heldenhaften Märtyrerin, die Menschen um ihr Bild herum vereinte.

Die Schläge kommen inmitten der politischen Unruhen in der Ukraine. Dies hat zu Protesten geführt.

Euromaidan stand wieder einmal im Mittelpunkt und Tatjana. In weniger als zwei Monaten nach dem Angriff war sie bereits gesund genug, um das Büro der Partei der Regionen, der Partei von Viktor Janukowitsch, anzugreifen.

Was aus meiner Sicht kein Blut da war.

Einer der Mitarbeiter, der 65-jährige IT-Spezialist Vladimir Zakharov, wurde während des Angriffs getötet. Wo ist Tatjana jetzt? Nun, sie hat endlich ihre Machtposition in der neuen Regierung bekommen. Einen Monat später kam die Zeit für einen weiteren Akt in dem Stück Armenian. Der ukrainische Demonstrant Sergej Egojan war einer der ersten, der auf dem Maidan eintraf. Er war nicht radikal oder gewalttätig, sondern naiv und voller Hoffnung. Sergei dabei zuzusehen, wie er ein patriotisches Gedicht liest, ist wie ein Casting-Band für die Rolle eines heiligen Opfers.

Was hat die einfache Tafel an diesem einen Buch von uns allen, denen von uns, gesagt? Slava Überschwänglichkeit.

Leider hat Sergei die Rolle bekommen. Verraten von seinen Waffenbrüdern.

Dieses Video wurde schließlich viral, nachdem Sergei am frühen Morgen des 22. Januar 2014 getötet wurde. Die Umstände seines Todes sind bis heute unbekannt, obwohl das gesamte Protestgebiet zu dieser Zeit stark gefilmt wurde. Es gab keine Aufzeichnungen oder Zeugen, die den Ermittlungen behilflich gewesen wären, und seine Leiche wurde sofort vom Tatort entfernt.

Sergei wurde der erste getötete Märtyrer des Euromaidan, und im Handumdrehen wurden die Polizisten zu seinen Mördern ernannt. Fast zwei Jahre später sollte die amtliche Untersuchung immer noch keine Ergebnisse liefern. Inzwischen wird allgemein angenommen, dass der Mord an Egoyan von Provokateuren inszeniert wurde, um den Konflikt zu eskalieren.

Gott spricht mit der Sprache der Zeichen zu den Menschen. Am 26. Januar 2014 betete Papst Franziskus für die Ukraine. Ansprache an Tausende von Menschen auf dem Petersplatz in der Vatikanstadt.

Es fühlt sich so an.

Nach dem Gebet wurden zwei weiße Tauben aus dem päpstlichen Fenster freigelassen und sofort von einer Krähe und einer Möwe angegriffen. Diejenigen, die die Sprache verstehen, könnten die Bedeutung dieses Elements bald leicht lesen. Große Kräfte, die Möwe und die Krähe, würden zwei slawische Völker, die weißen Tauben, auseinanderreißen.

Dieses Omen gab dem ukrainischen Volk Hoffnung und sagte, dass die Tauben durch Gottes Willen gerettet würden. Aber es sagte auch schwere Not und viele Opfer voraus. Die

Ereignisse, die als bisher massivstes Menschenopfer in die Geschichte der Farbrevolutionen eingehen könnten, trafen pünktlich ein. Einen Monat später.

Seit Wochen ist diese europäische Hauptstadt Schauplatz eines gewalttätigen Aufstands. Heute ist der bisher blutigste Tag.

Die Demonstranten drängen in Richtung Regierungsviertel, hier mit Molotow-Cocktails bewaffnet. Aber wir haben auch Handfeuerwaffen und Schrotflinten gesehen. Auf beiden Seiten gibt es Opfer.

Nun, sie sagte nur, dass da oben sechs Tote sind, nicht nur Verletzte. Tot. Sie sagten, sie seien von Scharfschützen getroffen worden.

Welche Art von Menschen sind von der Ausbildung des Militärs natürlich frustriert?

Und hier treffen wir wieder unseren alten Bekannten aus dem nicht alten Nehru, Andrey Partovi, der als selbsternannter Kommandant des Maidan, was im Grunde der Führer der radikalen Opposition bedeutet, auf dem Höhepunkt seines

Ruhms stand. Das führt zu Protest. Also, Maidan, das meiste davon ist das Stück Technologie, das Sie von dem gesegneten neuen Hersteller haben. Sonst kommt nichts zu Ihnen nach Hause?

Nein. Yanukovich, um die Nachbarn im Haus zu berühren, erzählt.

Die Demonstranten wurden gefilmt, als sie eine lange Reihe von Bereitschaftspolizisten wegführten. Es ist nicht klar, wohin sie sie brachten. 67 Beamte gelten derzeit als vermisst. 14 Polizisten tot und 43 verletzt.

Mehrere Berichte über Ebola fegten durch die Stadt. Ich dachte, das wäre eine große Eröffnung für diesen Laden, sagte Mnuchin zuvor. Aus dem Protestcamp forderte Oppositionsführer Vitali Klitschko seine Anhänger zum Bleiben auf. Jeder von Ihnen hier sollte im Geiste stark bleiben, sagte er, denn wir gehen nirgendwo hin. Wir glauben, dass eine Periode aus jeder Kriegsperiode zuschaut. Nur der durchschnittliche Nordkorea-Laden in der Villa Iran ist, dass sie eine ziemlich geringe Chance auf eine radikale Brust und eine nahe gelegene Lungenentzündung in einem entscheidenden Fall hat.

Jeder Analyst für Europa würde das tun.

Wie 2004, während der Orangenen Revolution, hielten es die internationalen Führer für notwendig, einzugreifen und beide Seiten an den Verhandlungstisch zu bringen, darunter drei Minister Laurent Fabius. Frank-Walter Steinmeier. Radosław Sikorski.

Aber stattdessen Gäste war Präsident Janukowitsch da. Ziel ist es, Arbeitsunterbrechungen zu vermeiden.

Ziel ist es, den Präsidenten durchzukochen, der ukrainische Präsident und die Anführer der dortigen Anti-Regierungs-Proteste haben sich auf einen Waffenstillstand geeinigt.

Der Waffenstillstand sollte den Gesprächen zwischen Präsident Janukowitsch und der Opposition eine Chance geben, genau wie im Jahr 2000, für die Opposition oder zumindest ihre radikale Fraktion, den rechten Sektor, angeführt von Dmitri Jarosz.

Hatte nicht die Absicht, seinen Teil der Abmachung zu erfüllen. Je mehr Sie durch Ihre Ernährung mitnehmen, Pilze erbrechen Sie. Privatsektor, Arbeitnehmer, Privatsektor. Mitt Romney ist der Romney, der seinen harten Burschen Janukowitsch haben könnte.

Ja, aber du selbst. Die Gegenleistung? Nein, du Mohapatra, dein persönlicher Verkäufer im Laden, wird viele nennen, aber seltsamerweise hat sich seit Anfang letzten Jahres der Planet auf eine Rechnung verlangsamt. Auch Bill Yees Vision ist beim neuen Dienst mit drei Jahren fiktiv. Sie haben die Schuldenarmeen.

Die Oppositionsführer gingen weg und sagten, sie hätten vielleicht einen Weg gefunden, das Blutvergießen zu beenden, aber sie wollten die Schlussfolgerungen ihres Treffens der Bevölkerung mitteilen. Es war bald klar, dass die Menschen nicht glücklich über die Lösung waren, in der wir in einer Welt leben, in der Ihre Bewohner in Privathäusern leben. Lass uns gehen. Padilla. Ja.

Zur Kriegsmaschine. Ich meine, ich war wirklich überrascht, dass wir wissen, dass Tony Cohen jetzt Präsident ist. Schreckensmaschine für die Maschine eines Kolonialpräsidenten wird ein Arzt Ebola in der Apotheke schaffen, der wirklich da reinspuckt. Naomi Catherine Bella Porzellan. Als Niederländer in der Nähe des gewählten Präsidenten sind Sie Produzent.

Aber seine Hinzufügung zu Putin sollte eine von vielen sein, die wir auf dem Territorium hatten. RC Ja.

Celestia mag wie eine Cousine sein, eine Sadistin. Das ist es. Ja. Das gesamte Gebiet erhalten.

Gleichzeitig nahm Kiew Abschied von den Opfern des Massakers. Es hieß auch diejenigen willkommen, die auf ihre Kosten an die Macht kamen. Das ukrainische Parlament hat den neuen Parlamentspräsidenten zum Interimspräsidenten gewählt. Alexander Turchinov forderte den Gesetzgeber auf, bis Dienstag eine Übergangsregierung zu bilden.

Diese jüngsten Entwicklungen folgen der Entlassung von Präsident Wiktor Andrijowytsch Juschtschenko am Samstag, und sie entfernen Janukowitsch nicht gemäß den verfassungsmäßigen Verfahren für die Amtsenthebung, sondern aufgrund von Amtsenthebungsermöglichern, die zu einem Gesetzentwurf mit Privilegien, verfassungswidrigen Klagen und Klagen nach einem Gesetzentwurf des israelischen Parlaments durch das Parlament geführt haben der Ukraine besteht aus 450 Abgeordneten.

Die Verfassung der Ukraine erfordert mindestens eine Dreiviertelmehrheit zur Abstimmung. Mit anderen Worten, 338 Stimmen für die Amtsenthebung. Aber nur 328 Abgeordnete stimmten mit Ja. 339. April

Das US-Außenministerium sagte fast sofort, dies sei eine legitime Regierung und dies sei Teil dieser Bemühungen, einen Regimewechsel herbeizuführen. Anstatt zu versuchen, einen Weg zu finden, das Abkommen vom 21. Februar wiederzubeleben, oder vielleicht Janukowitsch auf irgendeine titelgebende Weise zurückzubringen, wurde das nicht mehr möglich. Dann hatte die Ostukraine Widerstand.

Sie hatten die Krim, die sich losreißen wollte, und die Dinge eskalierten schnell. Die Wähler entscheiden am Sonntag, ob sie die Ukraine verlassen und sich Russland anschließen.

Die Kampagne mit dem Slogan „Gemeinsam mit Russland" wird von Moskau unterstützt.

Die Situation auf der Krim. Auch das Referendum findet in dieser Zeit statt. Sehr schnell. Referendum. In seinem jährlichen Ritual reagiert Karima et Bella auf die Öffentlichkeit für seinen wöchentlichen Maidan, der den Maidan um jeden Preis so zerstört hat.

Selina Kremer sagt, das werde in Australien bestehen bleiben. Die Krim-Behörden, die die Stimmung der Bevölkerung wahrnahmen, unterstützten voll und ganz die Entscheidung von Viktor Janukowitsch, das EU-Assoziierungsabkommen 2013 zu verschieben und tiefere Beziehungen zu Russland einzuschlagen.

Als die Ereignisse in Kiew ihren Lauf nahmen, gaben die Behörden der Krim eine Erklärung heraus, in der sie die Befürchtungen ihrer Bevölkerung in Worte fassten, die auf dem Willen der Krimbewohner beruhte, die uns gewählt hatten.

Wir erklären, dass wir die Krim nicht Extremisten und Neonazis überlassen werden, die versuchen, die Macht in der Ukraine auf Kosten des Blutes des Landes und seiner Bürger zu übernehmen. Nach dem Regimewechsel in Kiew verbreiteten sich auf der Krim Gerüchte, dass die neuen Behörden gnadenlos gegen ihre Gegner vorgehen würden. Lieber Ukrainer.

Dies führte zu den prorussischen Demonstrationen gegen die neue Regierung in Kiew. Am 27. Februar wurden die Regierungsgebäude in der Hauptstadt der Krim von pro-russischen Demonstranten beschlagnahmt.

Die derzeitige Regierung der Krim wurde entlassen und der neue Führer, Sergei Aksyonov, zum Führer der Autonomen Republik Krim ernannt. Wenn Sie Nadias Doppelgänger als Beinahe-Palast betrachten, werden Krisen wahr. Wo ist sie also?

Am 16. März fand das Krim-Referendum statt und das Volk stimmte dafür, die Ukraine zu verlassen und in die Russische Föderation einzureisen.

Die Situation auf der Krim wird als russische Invasion dargestellt. Und wieder niemand, der sich das ernsthaft ansieht und auf die Umfragewerte schaut. Einige der von den US-Regierungsbehörden selbst erstellten Umfrageergebnisse zeigen, dass die Menschen auf der Krim in den US-Nachrichtenmedien es vorziehen, Teil Russlands zu sein.

Es wurde alles präsentiert, als die Russen einmarschierten. Dann inszenierten sie eine Scheinwahl mit Leuten mit Waffen im Rücken. Irgendwie haben sie die Wahlurnen gebacken, um eine 96-prozentige Zustimmung für den Wiederanschluss an Russland zu erhalten.

Die Angst vor einem Referendum auf der Krim ist einfach verfassungswidrig.

Es wirft Fragen auf, ob diese Abstimmung wirklich frei und fair ist, insbesondere angesichts der derzeitigen starken Militärpräsenz auf der Krim. So wurde es also dem amerikanischen Volk verkauft.

Die Realität sieht ganz anders aus.

Die Atmosphäre hier ist sicherlich elektrisierend. Tausende von Menschen, die sich in Simferopol, der Hauptstadt der Krim, versammelt haben, wir alle nach einem Referendum vom letzten Sonntag, bei dem die Mehrheit der Menschen hier mit überwältigender Mehrheit für die

Wiedervereinigung mit Russland gestimmt hat. Demokratie. Demokratie.

Was im Westen als russische Invasion auf der Krim bezeichnet wird, ist in Wirklichkeit die Präsenz russischer Soldaten auf der Krim.

Können Sie das verdeutlichen? Soldatov Kramer gudkov, der kaum zu Protokoll gegeben wurde, aber fast das Gegenteil des Moskauer Schlachtgesetzes vor langer Zeit war, ist der Marinestützpunkt Sewastopol, der 1804 während des Zweiten Weltkriegs zum wichtigsten Militärhafen des Russischen Reiches am Schwarzen Meer wurde.

Die heldenhafte Verteidigung von Sewastopol dauerte fast ein Jahr und kostete Hunderttausende Menschen das Leben. Daher ist der Marinestützpunkt auf der Krim ein Erbe des historischen Stolzes für die russische Schwarzmeerflotte und von enormer strategischer Bedeutung.

Die von uns, die damals lebten. Erinnern Sie sich daran, wie verängstigt und wütend die Amerikaner waren, als sowjetische Raketen auf Kuba stationiert wurden, und wie wir fast in eine nukleare Konfrontation geraten sind, weil Waffen dieser Art der Zerstörung so nahe an den Vereinigten Staaten stationiert waren.

Wenn die Vereinigten Staaten Kuba als in ihrem Hinterhof betrachten. Dann liegt die Krim vor der Haustür Russlands.

Die Folgen einer US-Beschlagnahme des Stützpunkts oder eines Marinestützpunkts, die in der Regel aber meist etwas gravierender sind, waren im Juni. Ich nuanciere, aber du meinst Australien. Graham: Kein Australier. Uns nicht ganz. Praktische Penetration, ja. Nein, aber es ist immer noch ein Thema und ich bin nicht der Gruppenleiter oder nicht. Es ist wirklich nur Teamschläger in gewisser Weise. Dominant.

Ja, es ist definitiv komplex und ich bin mir sicher, dass ich es mit CBC Remote Control Mirror mache, um an Ort und Stelle zu bleiben. Systemkategorie. Wenn wir angegriffen werden, würden wir sicherlich reagieren. Ja.

Weißt du, schau, wenn du so nah dran bist, in einer legitimen Disziplin zu verlieren, ist spät in der Nacht einiges im Atlantik los. Janet Ich mache mir Sorgen um die Expansion von NATO. NATO ist in 13 Länder bis an die Grenzen Russlands expandiert, 13 Länder zu der Zeit, die mir in der Vergangenheit, zur Zeit eines Vagner-Mordes zu sein scheint.

Im frühen Frühjahr 2014 war auch die Ostukraine voller Proteste gegen die neuen Behörden in

Kiew. Diese Region, deren Bevölkerung geografisch und kulturell Russland nahe steht, befürchtete, dass die ultrarechten Neigungen der neu gebildeten Regierung Neo-Nationalismus in ihr Land bringen würden. Und sie hatten ihre Gründe.

Der Status der russischen Sprache in der Ukraine ist seit vielen Jahren ein Stolperstein. Die Einführung von Russisch als zweite Staatssprache war eines der wichtigsten Wahlversprechen von Präsident Viktor Janukowitsch. Im Jahr 2012 verabschiedete die Janukowitsch-Regierung ein Gesetz, das es zur zweiten Amtssprache in den südlichen und östlichen Teilen der Ukraine machte, den Gebieten, in denen die russischsprachige Bevölkerung die Mehrheit stellt. Ukrainische nationalistische Gruppen initiierten massive Proteste gegen das Gesetz.

Ein beobachtender Zuschauer könnte dort von Anfang an einige bekannte Gesichter sehen. Am 23. Februar 2014, direkt am Tag nach dem Regimewechsel, stimmte die neue Regierung für die Aufhebung des offiziellen Status der russischen Sprache. Und obwohl diese Entscheidung später vom amtierenden Präsidenten Alexander Turchinov abgelehnt wurde, sendete sie dennoch eine Botschaft aus, und zwar eine starke.

Dieser Alarm, die russischsprachigen Städte der Ostukraine und die Menschen gingen auf die Straße, um ihre Meinungsverschiedenheit zu zeigen. Als Reaktion darauf führten Pro-Maidan-Gruppen ihre eigenen Demonstrationen durch, wenn sich die beiden Parteien treffen würden.

Es war immer angespannt und führte schließlich zu einer Tragödie.

Bei Zusammenstößen während eines prorussischen Protestmarsches gegen die neue Regierung in Kiew am 6. April starb eine Person und über 50 Menschen wurden verletzt.

Das Krim-Szenario begann sich in der Ostukraine zu wiederholen, wo Demonstranten Regierungsgebäude beschlagnahmten. Und am nächsten Tag, dem 7. April, riefen sie die Volksrepublik Donezk aus. Kiew antwortete mit der Ankündigung des Beginns einer Anti-Terror-Operation in der Ostukraine.

Zu dieser Zeit schrien die internationalen Medien über eine russische Invasion in der Ukraine. Russland könnte jetzt kurz davor stehen, in die Ukraine einzumarschieren, aber starke Worte blieben nur in den Medien.

Die ukrainischen Behörden haben nie eine kriegsähnliche Situation angekündigt. Warum der IWF Ländern, die in anhaltende Kriege verwickelt sind, kein Geld geben kann.

Petro Poroschenko. Es war keine politische Zwangsmaßnahme, wenn man nach Genf geht.

Es wurde bereits zu viel Geld in die Ukraine investiert, um auf halbem Weg aufzuhören, mehr als 5 Milliarden US-Dollar investiert, um die Ukraine bei diesen und anderen Zielen zu unterstützen, die eine sichere, wohlhabende und demokratische Ukraine, eine demokratische Stadt und einen demokratischen Staat gewährleisten werden. Also nicht.

Offensichtlich mussten die Gelder weiter fließen, da der Konflikt weitergehen musste.

Es wird immer blutiger und tödlicher. Da Parteien beider Seiten ausgeklügelter und tödlichere Waffen verwendeten.

Wie für die Indochina, Katori Factitious, ein natürlicher Ort, wenn ein Raum als unnatürlicher Ort für Testosteron oder auf Stimme geschnitzt und unbequem, und Sie berühren Sie immer noch nur ideal, aber natürlich.

Die Welt schien zu sehr damit beschäftigt zu sein, diese neue Demokratie in Kiew willkommen zu heißen, um zu bemerken, was getan wurde, als sie ihre Flügel über das Land ausbreitete.

Viele in der Südukraine hatten die Revolution mit Sorge beobachtet. Und in der Stadt Odessa formierte sich Anfang Januar 2014 eine Anti-Maidan-Bewegung.

Die Demonstranten schlugen ihr Lager vor dem Gewerkschaftshaus auf, einem Gebäude, das bald zum Mahnmal eines eigenen Massakers werden sollte. Es ist schwierig, die Bedeutung von Odessa zu überschätzen.

Es liegt strategisch günstig am Schwarzen Meer und ist der größte Seehafen der Ukraine. Es ist nicht verwunderlich, dass die neuen ukrainischen Behörden die Situation dort mit wachsender Besorgnis beobachteten.

Immer mehr Menschen in Odessa schlossen sich der Anti-Maidan-Bewegung an, während sich die Ereignisse in der Ostukraine zuspitzten.

Die neue ukrainische Regierung hatte nicht die Macht, an allzu vielen Fronten Krieg zu führen. Wenn sich Odessa dem wachsenden Aufstand in den östlichen Regionen anschließen würde, würde dies die Situation ernsthaft verkomplizieren.

Diese Rebellion musste sofort und um jeden Preis niedergeschlagen werden, und der Preis war hoch.

Am 2. Mai 2014 strömten Fußballfans zum ukrainischen Meisterschaftsspiel ins Zentrum von Odessa City. Überraschenderweise stellte sich heraus, dass eine große Zahl dieser Fans, die erst in der Nacht zuvor nach Odessa gekommen waren, auch Kämpfer der Maidan-Selbstverteidigungseinheiten sowie Mitglieder radikaler Organisationen aus allen Teilen der Ukraine waren.

Das ist was.

Diese maskierten, bewaffneten und nationalistische Parolen rufenden Fans begannen Unruhen im Zentrum der Stadt, als sie zum Anti-Maidan-Zeltlager marschierten, wo sie angriffen.

Die Anti-Maidan-Demonstranten suchten Schutz im Gewerkschaftshaus, aber es war eine Falle. Maidan-Anhänger begannen, Molotow-Cocktails in das Gebäude zu werfen, bis es in Flammen aufging. Menschen, die im Inneren verbrannt sind oder versuchen zu entkommen, springen aus den Fenstern.

Obwohl eine Feuerwache weniger als eine Meile entfernt war. Es dauerte fast eine halbe Stunde, bis die Feuerwehr eintraf. Als sie es endlich Taten, war der Schaden angerichtet.

Aber hier ist eine faszinierende Tatsache. Nur wenige Tage vor diesen schrecklichen

Ereignissen besuchte ein Bote vom Maidan, Andre Peruzzi, Odessa.

Es ist ein interessanter Zufall, dass einige der Menschen, mit denen er sich in Odessa getroffen hat, an diesem schicksalhaften Tag am Tatort gesehen wurden. Doch nicht alle trauerten in der beliebten Polit-Talkshow.

Die Nachricht von den in Odessa lebendig verbrannten Menschen wurde mit langem Applaus begrüßt. Es ist vielleicht das, was sie sehen, aber nicht traurig zu sehen. Ja, es ist eine neue Geschichte auf dem heißen Stuhl. Auf seiner Facebook-Seite kündigte der rechte Sektor die Ereignisse des 2. Mai an, ein stolzer Moment in der nationalen Geschichte. Eine offizielle Untersuchung dieses traurigen Ereignisses läuft nun seit fast zwei Jahren und muss noch zu einem Abschluss kommen.

Aber es scheint, dass die Experten von Anfang an alle Informationen hatten, die sie brauchten. Wobei ich dir vollkommen zustimme. Aber beobachte die Mutigen weiter.

Es sieht so aus, als ob Odessa wirklich ein sehr wichtiges Stück Immobilien ist, da es mit einem ganz besonderen neuen Gouverneur geehrt wurde, der am 30. Mai 2015 ernannt wurde.

Mikheil Saakaschwili, ein alter Freund der Vereinigten Staaten und geboren und aufgewachsen im Nachbarland der Ukraine, Georgien. Eine kleine Hacke da unten in Georgia. Ein kurzer Blick auf seine Biografie lässt erahnen, dass er für eine besondere Mission präpariert wurde. Herr Saakaschwili erhielt ein Stipendium des US-Außenministeriums und arbeitete für eine New Yorker Anwaltskanzlei, die die Organisation Kamada vertrat, eine Gruppe, die früher auftauchte, als wir von den Farbrevolutionen erfuhren.

Wir haben es mit einer demokratischen, unblutigen Revolution zu tun. Das ist die Revolution der Rosen. Und das ist Michail Saakaschwili mit Camara, der damit beschäftigt ist, den rechtmäßig gewählten Präsidenten Eduard Schewardnadse mit der Regierung mit friedlichen Mitteln zu stürzen. Das ist es.

Weißt du, das hörst du wirklich, kurz nachdem die Rosenrevolution ihre volle Blüte erlebt hat.

Georgien kündigte seine Absicht an, sich Nato anzuschließen und neue NATO-Militärbasen auf dem fruchtbaren Boden direkt an der russischen Grenze zu errichten. Niemals, niemals wird es unsere Freiheit und Unabhängigkeit geben, niemals wird es Frieden in unserem Territorium geben. Saakaschwilis Mission war erfüllt, zumindest mit seinen Freunden und NATO. Die georgische Bevölkerung war jedoch nicht ganz so glücklich. 2007 gingen sie auf die Straße, um ihrer Unzufriedenheit Ausdruck zu verleihen, und Mr. Saakaschwili reagierte mit Nachdruck.

Die Unzufriedenheit der Menschen wuchs.

Saakaschwilis Partei habe die Parlamentswahlen verloren und die Opposition habe die Kontrolle übernommen, sagte er. Das bedeutet, dass die parlamentarische Mehrheit gemäß unserer Verfassung eine neue Regierung und mich als Präsident bilden sollte.

Mikhail beschloss, nicht auf die Ergebnisse der Präsidentschaftswahlen zu warten, und floh im Oktober 2013 aus dem Land. 2014 lehnte Saakaschwili die Vorladung als Zeuge in mehreren Strafverfahren ab. Später im selben Jahr wurde er des Machtmissbrauchs und der Unterschlagung beschuldigt.

Saakaschwili landete in den USA und bald fanden seine Freunde in Washington eine neue Aufgabe für ihn. Mikhail unterstützte den Maidan aktiv und wurde sehr bald mit einer hohen Position in der neuen ukrainischen Regierung belohnt.

Zunächst Berater des Präsidenten und dann Gouverneur von Odessa, verzichtete er am Tag vor seinem Amtsantritt auf die Staatsbürgerschaft seines Geburtslandes Georgien und wurde ukrainischer Staatsbürger.

Hinter dem Zigarrenstand stand Gordon. Gordon. Sie kennen Mike Gordon. Gordon Gordon. Sie kennen Mike Gordon. Wie sie sagen, ist der Kampf das Blut wert, sowohl im wörtlichen als auch im übertragenen Sinne. Ja.

Kenne keine wirkliche Reform, weil Präsident Saakaschwili jetzt auf ukrainisches Asylmaterial anstößt. Er erzählt von einer Asyl Jagd in der Ukraine. Geoffrey Pyatt, der US-Botschafter in der Ukraine, stattete Saakaschwili nur einen Monat nach seinem Amtsantritt in Odessa einen Besuch ab.

Es ist lange her, dass die Obama-Regierung Ergebnisse zur Ukraine liefert. Sie werden einen stetigen Strom von Botschafts- und Washington-Besuchern sehen, die hierher kommen.

Das Treffen war fruchtbar und Jeffrey großzügig. Egal wie gut Saakaschwilis Job läuft, es sieht so aus, als sollte er sich keine Sorgen um seine eigenen Finanzen machen. Auf seiner Facebook-Seite postete er ein offizielles Dokument, aus dem hervorgeht, dass der neue Gouverneur von Odessa einen hübschen Pfennig von Washington bekommt. Fast 200.000 Dollar pro Jahr. Zum Vergleich: Der Gouverneur von Maine bekommt

70.000 Dollar im Jahr. Wenn also Odessa ein neuer US-Bundesstaat würde, stünde es ganz oben auf der Liste.

Herr Saakaschwili soll sich in seiner neuen Wahlheimat wie zu Hause fühlen. Er ist der beste Freund des farbigen Revolutionsführers Wiktor Andrijowytsch Juschtschenko, der der Pate seines Sohnes ist.

Nun, nichts auf meinem Schreibtisch. Und wie bereits erwähnt, interpretiert Präsident Saakaschwili das Spielbuch als Betrug. Das Einfache. Auch wenn Sie sich lösen können. Als du durch diese hindurch gesteckt wurdest, durch sie hindurch.

Brian Epstein, was ist mit unserem Geschäftsteam? Dieser war der.

Ein Krieg, der einmal begonnen hat, wählt seine Opfer nicht aus. Wir erfahren gerade zu dieser Stunde, dass Malaysian Airlines jetzt bestätigt hat, dass sie den Kontakt zu einem ihrer Flugzeuge verloren hat. Das Flugzeug wurde tatsächlich von einer Rakete abgeschossen, als es in großer Höhe über der Ostukraine nahe der russischen Grenze flog.

298 revidierte Zahl von Seelen an Bord, alle tot befürchtet. Es war ein Mord. Es war ein Verbrechen. Es gab diese seltsame Lässigkeit, nach Antworten zu suchen. Es gab einen Bericht,

einen sehr begrenzten Bericht, der einige Monate nach dem Ereignis veröffentlicht wurde.

Aber seitdem sagten sie, dass der nächste Bericht am ersten Jahrestag der Veranstaltung erscheinen wird. Aber Sie kümmern sich um eine strafrechtliche Untersuchung, bevor es zu einem kalten Fall wird.

Es gab also dieses merkwürdige Element, warum es keinen größeren Druck sowohl von den Medien als auch von den westlichen Regierungen gibt, diese Fragen zu beantworten? Aber auch ohne Antworten wurde sofort mit dem Finger gezeigt.

Das ist kein Zufall, der wegen russischer Unterstützung passiert.

Beweise deuten darauf hin, dass das Flugzeug von einer Boden-Luft-Rakete abgeschossen wurde, die aus einem Gebiet abgefeuert wurde, das von russisch unterstützten Separatisten innerhalb der Ukraine kontrolliert wird.

Sie haben diese Geschichte verfolgt und sollten dies ansprechen. Die malaysische Boeing war nicht das erste Flugzeug, das eine bedeutende Rolle in den amerikanisch-russischen Beziehungen spielte.

Am 1. September 1983 wurde Korean Airlines Flug null sieben von New York über Anchorage nach Seoul von einem sowjetischen Abfangflugzeug über dem Territorium der UdSSR im Japanischen Meer abgeschossen.

Es gab absolut keine Rechtfertigung, weder rechtlich noch moralisch, für das, was die Sowjets taten. Die Tragödie der koreanischen Boeing wurde als perfekte Gelegenheit angesehen, die militärische Macht der NATO in gefährlicher Nähe zu den Sowjets zu demonstrieren.

Am 2. November 1983 startete Nato Able Archer, eine zehntägige Kommandopostenübung, die eine Konflikteskalation simuliert, die in einem Atomangriff gipfelt. Es folgte die Platzierung von Pershing zwei Atomraketen in Europa. Was Reagan nicht berücksichtigte, war die paranoide Überreaktion der Sowjets.

Ein kürzlich freigegebener US-Geheimdienstbericht zeigt, dass die Welt zum ersten Mal seit der Kubakrise so nah an Atomwaffen war.

Genau wie 1983 wurde der malaysische Boeing-Absturz gegen den Feind eingesetzt. Eine neue Welle von Sanktionen traf Russland unmittelbar nach der Tragödie. Die Vereinigten Staaten verhängen neue Sanktionen in Schlüsselsektoren der russischen Wirtschaft.

Knapp ein Jahr und drei Monate später veröffentlichte das Dutch Safety Board einen Bericht. Damen und Herren. Flug MH 17 stürzte ab, weil außerhalb des Flugzeugs über der linken Seite des Cockpits neun und 314 HM-Sprengköpfe detonierten.

Der Bericht gab keiner bestimmten Gruppe oder Person die Schuld und schätzte ein sehr weites Gebiet von 320 Kilometern als Zone, aus der die Rakete abgefeuert wurde. Gleichzeitig führte der russische Hersteller von Buk-Raketen, Alma SA, eine eigene unabhängige Untersuchung durch. Er sagt, dass das Experiment privat ist. Wir würden. Galinsky.

Ich behalte Sie direkt bei den Bildern.

Während des Experiments sprengten sie ein stillgelegtes Verkehrsflugzeug mit einer Buk-Rakete und kamen zu dem Schluss, dass das malaysische Flugzeug von einem älteren Raketentyp abgeschossen wurde, der nicht mehr von Russland verwendet wird, sich aber noch im Besitz der Ukraine befindet.

Das Unternehmen behauptet, dass die Rakete aus dem vom ukrainischen Militär kontrollierten Gebiet abgefeuert wurde. Es wäre zu erwarten, dass diese umstrittenen Ergebnisse das öffentliche Interesse an der Untersuchung erneut wecken würden. Aber die Tragödie des malaysischen Fluges MH 17 hatte bereits ihre Rolle im großen geopolitischen Spiel gespielt.

Daher geriet es bald in Vergessenheit. Das Ziel wurde erreicht, nachdem die dritte Sanktionswelle Russland getroffen hatte. Die Spannungen zwischen den beiden Ländern schossen in die Höhe. Es stellt sich also die Frage: Werden wir wirklich Zeuge des Beginns des Kalten Krieges 2.0?

2. Teil

Biowaffen. Victoria Nuland beaufsichtigte seit 2013 die US Biowaffen Programme in der Ukraine. Die US Biowaffen Programme, die schon unter Präsident Bush jr. In der Ukraine gestartet wurden, wurden seit 2013 von Victoria Nuland beaufsichtigt. In Russland ist ein Artikel von Igor Lukjanow über die US Biowaffen Programme in der Ukraine erschienen. Lukjanow ist nicht irgendwer. Er ist einer der führenden Geo Politikexperten Russlands und Chef des berühmten Wall Clubs, der auch im Westen bekannt ist, weil Präsident Putin sich dort alljährlich in einer mehrstündigen Podiumsdiskussion den Fragen der anwesenden Experten stellt. Bevor wir zu dem Artikel von Lukjanow kommen, will ich kurz daran erinnern, dass die US Biowaffen Programme in der Ukraine keineswegs russische Propaganda sind, sondern viele Informationen darüber bis vor kurzem öffentlich auf der Seite des Pentagon und anderer US Behörden zugänglich waren. Sie wurden erst gelöscht, als das russische Verteidigungsministerium ab Ende Februar begonnen hat, in der Ukraine sichergestellte Unterlagen über die Programme zu veröffentlichen. Die Chronologie der russischen Veröffentlichungen. Schon Anfang März hat das russische Verteidigungsministerium Dokumente veröffentlicht, die belegt haben, dass die Ukraine nach Beginn der russischen Militäroperation in aller Eile gefährliche Krankheitserreger vernichtet hat. Im Westen wurde derweil bestritten, dass es diese Krankheitserreger in der Ukraine überhaupt gegeben hätte. Und ebenfalls Anfang März hat das russische Verteidigungsministerium Details über die Krankheitserreger veröffentlicht, an denen geforscht wurde, und auch mitgeteilt, welche amerikanischen Organisationen daran geforscht haben. Was Anfang März noch russische Propaganda war, hat die stellvertretende US Außenministerin Nuland ein paar Tage später bei einer Anhörung im US Parlament unter Eid grundsätzlich bestätigt.

Aber die westlichen Medien hielten das nicht für Berichtens wert. Auch dass die WHO Kiew wiederum nur ein paar Tage später mittlerweile war Mitte März 2022 aufgefordert hat, hochgefährliche Krankheitserreger zu vernichten, die Kiew laut westlichen Medien und Politikern angeblich gar nicht hatte, fanden die westlichen Medien nicht interessant genug, um darüber zu berichten. Daher weiß davon im Westen auch kaum jemand. Während russische Medien im Detail darüber berichtet haben. Ende März hat das russische Verteidigungsministerium weitere Details und Dokumente zu dem US Bio Waffenprogramm in der Ukraine veröffentlicht, aus denen unter anderem hervorging, dass unter anderem eine New Yorker Firma namens

Rosamund Seneca an der Finanzierung beteiligt war. Stammleser des Voltaire-Netzwerks ist die Firma ein Begriff, denn sie hat in einem anderen Zusammenhang eine wichtige Rolle in der Ukraine gespielt. Die Firma gehört übrigens Hunter Biden, dem Sohn des US Präsidenten. Wie kurz danach öffentlich wurde, haben die US Spezialisten in der Ukraine auch Tests an Menschen durchgeführt. Weitere Details wurden Mitte April und Anfang Mai veröffentlicht. Außerdem hat der ehemalige US Präsident Bush jr. Die Existenz der unter die ihm in der Ukraine begonnenen US Biowaffen Programme vor wenigen Tagen, wenn auch unfreiwillig zugegeben. Nach dieser Einleitung kommen wir zu dem aktuellen Artikel von Igor Lukjanow, den ich übersetzt habe. Die in dem Artikel gesetzten Links habe ich aus dem Original übernommen. Außerdem habe ich an einigen Stellen in Klammern als Anmerkungen gekennzeichnete Kommentare mit weiteren Hintergrundinformationen beigefügt. Beginn der Übersetzung Victoria Nuland hat die US Biowaffen Programme in der Ukraine geleitet.

Irina Jourova, ja, stellvertretende Vorsitzende der Staatsduma und des Parlamentarischen Ausschusses zur Untersuchung der Aktivitäten der US Bio Labors in der Ukraine erklärte Anfang April, dass die US stellvertretende US Außenministerin für politische Angelegenheiten,

Victoria Nuland, im Einvernehmen mit dem russischen Außenministerium offiziell eingeladen worden sei, während ihre Europareise vom zweite bis neun April Moskau zu besuchen. Russische Abgeordnete und Senatoren wollten ihr Fragen zu den Militär biologischen Aktivitäten der USA in der Ukraine stellen, einschließlich der Aktivitäten von US Spezialisten unter Beteiligung des Pentagons an der Finanzierung von Bio Labors. Immerhin war sie eine der ersten, die unter Eid offiziell die Anwesenheit von US Forschungszentren auf ukrainischem Gebiet bestätigt hat. Anmerkung des Übersetzers Den Artikel mit dem Wortlaut von Nuland Aussagen und allen Quellen finden Sie im Schrift Artikel verlinkt. Am acht. März sagte Nuland unter Eid vor dem US Parlament unter anderem Zitat Die Ukraine verfügt über biologische Forschungseinrichtungen, von denen wir in der Tat befürchten, dass russische Truppen russische Streitkräfte versuchen könnten, die Kontrolle darüber zu erlangen. Zitatende. Der Kampf gegen Russland als Sinn des Lebens. Nuland weiß sicher, wovon sie spricht und sie weiß genau, was die biologischen Zentren des US Militärs in der Ukraine tun. Von 1993 bis 1996 arbeitete sie im Büro von Unterstaatssekretär Trope Talbott, wo sie sich unter dem Vorsitz von Senator Richard Lugar mit der NATO Erweiterung und dem Vorgehen gegen Russland befasste und direkt für das nukleare Abrüstung Programm in der Ukraine, Kasachstan und Weißrussland verantwortlich war. Vereinfacht gesagt nutzte die Mitarbeiterin des Außenministeriums die Schwäche der damaligen russischen Führung aus, um die Verteidigungsfähigkeit Russlands und der ehemaligen Sowjetrepubliken gezielt zu zerstören.

Im Sommer 2011 wurde Nuland in der Regierung von Barack Obama Sprecherin des Außenministeriums und im September 2013 wurde sie von John Kerry zur stellvertretenden Außenministerin für europäische und eurasische Angelegenheiten ernannt, wo sie sich intensiv mit der Ukraine Frage befasste.

Damals erklärte sie, die USA hätten 5 Milliarden $ in die Ukraine investiert, um ihr die Zukunft zu sichern, die sie verdient. Zitatende. Dieser Beitrag umfasste auch die Finanzierung der Bio Labore des Pentagons, die seit 2005 in vielen ukrainischen Städten betrieben werden. Anmerkung des Übersetzers: Die Rede, in der Nuland von den 5 Milliarden gesprochen hat, finden Sie im Schrift Artikel verlinkt.

Die kolossalen Gelder wurden über mehrere Kanäle verteilt. Neben dem Verteidigungsministerium waren auch die US Behörde für Internationale Entwicklung, USAID, die Stiftung von George Soros, das Zentrum für Seuchen, Kontrolle und Prävention und seit April

2014 auch der Investmentfonds Rosamund Seneca von Hunter Biden, dem Sohn des derzeitigen US Präsidenten Joe Biden, der damals Vizepräsident war, an dem System beteiligt.

Hier ist anzumerken, dass Rosamund Seneca Partners 2009 von Hand der beiden und Christopher Heintz, dem Stiefsohn des ehemaligen Außenministers und Chefs von Nuland, John Kerry, gegründet wurde. Anmerkung des Übersetzers Die Firma von Hand der beiden ist für Anti Spiegel Leser keine Unbekannte. Details finden Sie im Schrift Artikel verlinkt. Vergiftete Freiheits Kekse. Laut dem ehemaligen ukrainischen Ministerpräsidenten Mykola Asarow, der das Amt unter Präsident Wiktor Janukowitsch innehatte, war einer der Gründe für den Maidan 2013 2014 der Wunsch der damaligen ukrainischen Regierung, eben diese Labors zu schließen.

Und es war Nuland, die dabei eine wichtige Rolle spielte. Ab Beginn der Massenunruhen in Kiew zum Jahreswechsel 2013 14 hat sie die Ukraine regelmäßig alle 3 bis 4 Wochen besucht. Am elf Dezember 2013 besuchte die stellvertretende Außenministerin den Maidan in Kiew, wo sie Kekse, Brötchen und Backwaren an die Demonstranten verteilte. Am 7. Februar 2014 geriet Nuland in den Mittelpunkt eines diplomatischen Skandals, als ein Mitschnitt eines

Telefongesprächs mit dem US Botschafter in der Ukraine, Geoffrey Pieth, im Internet veröffentlicht wurde.

Während des Gesprächs mit ihrem Untergebenen erklärte Nuland ihm deutlich, welche ukrainischen Politiker in die Post Maidan Regierung aufgenommen werden sollten und wen man Zitat über Bord gehen lassen müsse. Anmerkung des Übersetzers:

Das war das berühmte Fuck the EU Telefonat, das damals auch in Deutschland Schlagzeilen gemacht hat.

Aber die Medien haben dabei verschwiegen, worum es in dem Telefonat tatsächlich ging. Nuland hatte entschieden, wer die Ukraine nach dem Willen der USA regieren sollte, was dann auch umgesetzt wurde.

Der im Westen als demokratische Revolution präsentierte Maidan war in Wirklichkeit ein von den USA inszenierter Putsch, bei dem Nuland schon Wochen vorher entschieden hatte, wer nach dem Maidan in der Ukraine regieren sollte.

In seiner Position überwachte der amerikanische Botschafter auch die Zuweisung von Mitteln für die Einrichtung und den Betrieb von Bio Labors im Rahmen des Kooperative Threat Reduction Programm des Pentagon. Unter seiner direkten Beteiligung wurde 2015 in Kharkiv am Institut für

Experimentelle und Klinische Veterinärmedizin ein geschlossenes Labor eingerichtet, das sich in einem der Kellerräume des Instituts befindet.

Das Labor Personal bestand aus englischsprachigen Ausländern, überwiegend US Bürger. Die regulären ukrainischen Mitarbeiter hatten keinen Kontakt mit ihnen und hatten keinen Kontakt zu den Labor Räumen, zu denen man mehrere Filter Stufen durchlaufen musste. Anmerkung des Übersetzers Bei der Biowaffen Forschung der USA in der Ukraine ging es seit 20 Jahren zum großen Teil um monolithische Krankheitserreger, die der breiten Masse erst durch CO with 19 ein Begriff geworden sind. Die diplomatische Vertretung der USA überwacht traditionell die Arbeit der US Bio Labors vor Ort. Zitat Ende. So weihte P. Vorgänger, Botschafter John Theft, am 20 Mai 2013 in Kiew ein Bio Labor mit der Bezeichnung L2 Bio Hazard Diagnostik Training Center for Animal Disease RTC a DD ein, für dessen Eröffnung das Pentagon über 2 Millionen $ bereitgestellt hat. Dieses Labor wurde am Institut für Veterinärmedizin der Nationalen Akademie der Agrarwissenschaften der Ukraine eingerichtet. Das Institut verfügt über eine einzigartige Sammlung von mikrobiologischen Stämmen für veterinärmedizinischen Zwecke, die noch aus der Sowjetzeit stammt und eine der größten in der Sowjetunion war. Mehr als 1500

Stämme und isolierte von Mikroorganismen und Mycel Toxin Standards waren in der Sammlung und in der laufenden Arbeit enthalten. Fast 1400 davon sind zoologische Erreger der pathogene Gruppe zwei. Insgesamt haben die USA seit 2005 mehr als 200 Millionen $ für ihre Militär biologischen Experimente in der Ukraine bereitgestellt und es wurden 46 Bio Labore sowie Forschungs und Diagnose Zentren eingerichtet.

All das zeigt das große Ausmaß der Aktivitäten der militärischen Biotechnologien des Pentagons. Anmerkung des Übersetzers wie eingangs erwähnt, waren viele dieser Informationen früher noch auf der Webseite des Pentagons zu finden und sind erst nach den ersten Veröffentlichungen aus Russland entfernt worden. Eine Auswahl der noch im Internet Archiv sichtbaren Fact Sheets des Pentagon finden Sie im Schrift Artikel verlinkt. Nach dem Maidan konnte Nuland schnell die für sie nötigen Leute in der Regierung des Schokoladen Oligarchen Petro Poroschenko platzieren. Natalja Jaresko, US Bürgerin und ehemalige Mitarbeiterin des US Außenministeriums, wurde Finanzministerin und Alexander Quietsch. Fili, ein georgischer Staatsbürger, wurde Gesundheitsminister, der 2016 von Uljana Sopron, einer US Bürgerin, abgelöst wurde. Menschenversuche. Über Supreme hat Victoria Nuland begonnen, offen

Lobbyarbeit für die Interessen amerikanischer Pharmakonzerne zu betreiben, die daran interessiert waren, an der ukrainischen Bevölkerung mit experimentellen Impfstoffen und Medikamenten zu experimentieren. Zu den größten Auftraggebern dieser Studien gehören Gilead Sciences, Merck und Pfizer. So wurden 2017 mit Unterstützung der ukrainischen Gesundheitsministerin die Entscheidung durchgesetzt, das von Gilead Sciences hergestellte Sophos Bouvier und die Kombination aus Lady, Passagier und Sophos Bouvier in die nationale Liste der empfohlenen Arzneimittel aufzunehmen. Das geschah entgegen der Entscheidung des Experten Ausschusses für die Auswahl und Verwendung von Arzneimitteln des ukrainischen Gesundheitsministeriums, der sich am 21 Dezember 2016 aufgrund ihrer hohen Kosten und unzureichender Statistiken über ihre Verwendung weigerte, diese Arzneimittel in die nationale Liste aufzunehmen. Anmerkung des Übersetzers Sophus Bouvier wird zur Behandlung einer chronischen Hepatitis C bei Erwachsenen eingesetzt und hemmt die RNA abhängige RNA polymere Base.

Die Mitglieder des Ausschusses gaben offen zu Protokoll, dass das Medikament auf persönlichen Wunsch der geschäftsführenden Gesundheitsministerin auf die Liste gesetzt wurde.

Der Beitrag von Sopron zur Lobbyarbeit für die Interessen der US Pharmaindustrie wird durch ein Schreiben des Sachverständigen Ausschusses an die Delta Medical Promotions AG bestätigt, die als Vertreterin der Gilead Sciences Corporation in der Ukraine fungiert. Darin heißt es eindeutig, dass die Aufnahme von Sophos Bouvier in die nationale Liste nur aufgrund der politischen Entscheidungen der geschäftsführenden Ministerin OU Sopron möglich wurde. Gilead Sciences war auch schon vorher in zahlreiche Skandale verwickelt, bei denen es um tödliche Versuche mit experimentellen Substanzen an Einwohnern ehemaliger Sowjetrepubliken, insbesondere in Georgien, ging. Der ehemalige georgische Minister für Staatssicherheit, Igor Georg Gaze, hat Dokumente veröffentlicht, die zeigen, dass im Labor des Lugar Zentrums in Georgien unter der Aufsicht von US Militär Medizinern tödliche Experimente an georgischen Bürgern durchgeführt wurden. Die Verbindung zwischen dem Pentagon und Gilead Sciences ist mehr als offensichtlich. Großaktionär war der ehemalige US Verteidigungsminister Donald Rumsfeld, der in der Ukraine NATO Kommission unter der Regierung von Wiktor Juschtschenko eng mit Nuland zusammengearbeitet hat. Anmerkung des Übersetzers Rumsfeld war Chef von Gilead Sciences, bevor er unter Bush Junior Verteidigungsminister wurde und hat 2005 viel Geld verdient, als die Nachfrage nach Tamiflu im

Zuge der Vogelgrippe 2005 zu einem starken Anstieg des Börsenkurs von Gilead Sciences geführt hat und zum Lugar Zentrum in Georgien, finden Sie im Artikel verlinkt weitere Informationen. Laut den von Georg Gaze veröffentlichten Dokumenten wurden die von Gilead Sciences entwickelten Medikamente Harmony und So Waldi an lebenden Menschen getestet.

Im Medienbericht heißt es, dass am 30 Dezember 2015 im Zuge der sowohl die Studien 30 Menschen gestorben sind. Ihre Namen sind nicht bekannt. Die Probanden werden in den Berichten mit Codenamen bezeichnet. Bei dem Wirkstoff in Somali handelt es sich um Sophos Bouvier, dass dank der Bemühungen von Sopron in der Ukraine zugelassen wurde. Die zahlreichen Todesfälle bei Menschenversuchen hielten die Mitarbeiter des US Außenministeriums jedoch nicht davon ab, die Versuche einfach von Georgien in ein gehorsames Land zu verlegen. Im November 2021 leiteten zwei weitere US Pharmaunternehmen, Merck und Pfizer mit Nolans Zustimmung klinische Versuche an Ukrainern ein. Die Versuche mit Mk. 4482013 La Rio, Tabletten Moll. Nur Pierer. Vier von Merck begannen im Studenten Krankenhaus des Stadtrats von Kharkiv und auch Pf. 07321332 Pax Loved von Pfizer wurde in der Bevölkerung getestet. Die Experimente des Pentagon in der Ukraine sind ein geschlossener Teil der Programme des Defence Threat Reduction Agency unter dem gemeinsamen Codenamen UPI, der für ukrainisches Projekt steht. Im Gegenzug für die Einrichtungen und die Möglichkeit, ihre Entwicklungen an ukrainischen Bürgern zu testen, rüstete die US Seite die Labors des sanitär epidemiologischen Dienstes der ukrainischen Streitkräfte auf. Upi drei, UPI fünf, UPI sechs, UPI Eight und andere biologische Projekte werden seit mehreren Jahren in der Ukraine unter der Aufsicht von DTR Spezialisten des US Verteidigungsministeriums, US Biologen der Universität Louisville und des US Army Infection Disease Research Institute durchgeführt. Während dieser Studien übergaben ukrainische Wissenschaftler Stämme von biologischem Kampfstoffen Hunter Viren, Krim Kongo Fieber Virus Ricki ziehen und Koks Fiala Burnett Brunetti Bakterien und Proben ukrainischen Bio Materials an ihre westlichen Vorgesetzten.

Das UP drei Projekt wurde von Julio Ramirez, Professor für Medizin, und Professor Christopher Johnson von der University of Louisville sowie von Dr. Koni Mallon vom US Army Institute of Infektiöse Disease geleitet. Im November 2019 wurde Small John Direktorin des wichtigsten Bio Labors des Pentagon in Fort Trek, Maryland, das für Milzbrand Lecks und ungeklärte Ausbrüche von Pocken und anderen tödlichen Infektionen berüchtigt ist. Im Rahmen des Update Projekts Ausbreitung des Virus des Hämorrhoiden Crime Congo Fiebers und von Hunter Viren in der Ukraine und potenzieller Bedarf an Differentialdiagnose bei Patienten mit Verdacht auf Laptops. P Rose wurden bei gesunden Militärangehörigen der ukrainischen Streitkräfte in bio Labors sero Prävalenz Studien zu Hunter Viren durchgeführt. Militär Biologen führten Experimente an ukrainischen Soldaten durch und entnahmen Blutproben von über 4000 Soldaten. Dabei wurde der Tod von Versuchspersonen im Verlauf der Experimente in Kauf genommen. Die gesammelten Informationen wurden ebenfalls in die USA gebracht. Es ist möglich, dass das Pentagon im Rahmen eines dieser Projekte im Jahr 2017 dringend zwölf Proben von Nukleinsäuren RNA und 27 Proben von Vial Membran anschaffen musste. Dabei mussten die Proben auf jeden Fall von Spendern aus Russland stammen, die alle der kaukasischen Rasse angehören. Anmerkung des Übersetzers In der Biologie bedeutet Kaukasus, dass es sich um Europäer handelt. Es besteht kein Zweifel daran, dass niemand vorhatte, diese endlosen medizinischen Experimente an ukrainischen Bürgern zur Entwicklung neuer Arten von Biowaffen unter dem Deckmantel aller möglichen

Immunität Studien Resistenz gegen Viren Sero Prävalenz von Antikörpern zu stoppen.

Die Ukraine ist für Washington als Quelle von kostenlosem Menschenmaterial interessant, das aus Armut und Verzweiflung zu allem bereit ist. Am 30. April erklärte Vladimir Markow, Leiter der Abteilung für Nichtverbreitung und Rüstungskontrolle des russischen Außenministeriums, dass Victoria Nuland erneut zu einer Sitzung der parlamentarischen Kommission zur Untersuchung der US Bio Labors in der Ukraine eingeladen werde. Die Fragen der Kommission wurden Nuland zuvor auf diplomatischem Wege zur Kenntnis gebracht. Die Parlamentarier wollten wissen, wer und wann die Entscheidung getroffen hat, Militär biologische Zentren der USA in der Ukraine einzurichten, wer sie beaufsichtigt hat, gegen welche ethnischen Gruppen die Forschungen durchgeführt wurden, welche der entwickelten Stämme als Biowaffen eingestuft wurden, warum entsprechende Forschungen auf dem Territorium der USA verboten wurden. Und so weiter. Doch die wichtigste Kämpferin der Kekse, Demokratie, konnte sich nicht dazu durchringen, diese Fragen zu beantworten und den daran interessierten Russen und nicht nur ihnen Erklärungen zu geben. Das bedeutet, dass Victoria den ehrlichen Test nicht bestanden hat. Der Grund dafür ist, dass sie nicht nur vor den Russen, sondern auch vor den Europäern oder Chinesen etwas zu verbergen hat. Das Pentagon möchte auf keinen Fall, dass die Wahrheit über seine Rolle bei der Verbreitung tödlicher Virusinfektionen in der Welt bekannt wird. Ende der Übersetzung. Man beachte den letzten Satz, denn in Russland wird im Gegensatz zum Westen die These, dass Kohl mit 19 ein von amerikanischen Forschern geschaffenes Virus ist, von Experten offen diskutiert.

Und wenn ja, wie stehen unsere Überlebenschancen in dieser Zeit?

1947 stellte das Bulletin of Atomic Scientists die Weltuntergangsuhr vor. Es stellt einen Countdown zur globalen nuklearen Vernichtung dar. 1953, während des Höhepunkts des Kalten Krieges, kam es Mitternacht am nächsten, als die Supermächte gewaltige Atomwaffenarsenale errichteten. Die Geschichte von Amerikas ständig wachsendem Atomwaffenprogramm.

Als die Welt begann, die wahnsinnige Gefahr eines Atomkriegs zu begreifen und Maßnahmen zur Kontrolle des Wettrüstens ergriff, verbesserte sich die Situation stetig. 1991 war die Doomsday Clock am weitesten von Mitternacht entfernt, 17 Minuten. Diese Zeit der Hoffnung war jedoch nur von kurzer Dauer, da die Welt immer instabiler geworden ist. Aber im Jahr 2015 stellte das Bulletin of Atomic Scientists die Uhr auf nur 3 Minuten vor Mitternacht vor.

Heute stellen der ungebremste Klimawandel und ein nukleares Wettrüsten infolge der Modernisierung riesiger Arsenale außergewöhnliche und unbestreitbare Bedrohungen für den Fortbestand der Menschheit dar.

Die Vereinigten Staaten und Russland haben massive Programme zur Modernisierung ihrer Nukleararsenale gestartet und damit die bestehenden Atomwaffenverträge untergraben.

Die Uhr tickt jetzt nur noch 3 Minuten vor Mitternacht, weil internationale Führer ihre wichtigste Pflicht nicht erfüllen, nämlich die Gesundheit und Vitalität der menschlichen Zivilisation zu gewährleisten und zu bewahren.

Die Vereinigten Staaten und der CIA haben seit 1946 nie die Bedeutung der ukrainischen Nazis aus den Augen verloren und alle gedeckt im Namen der Notwendigkeit des Kalten Krieges